印顺法师佛学著作选集

人间佛教论集

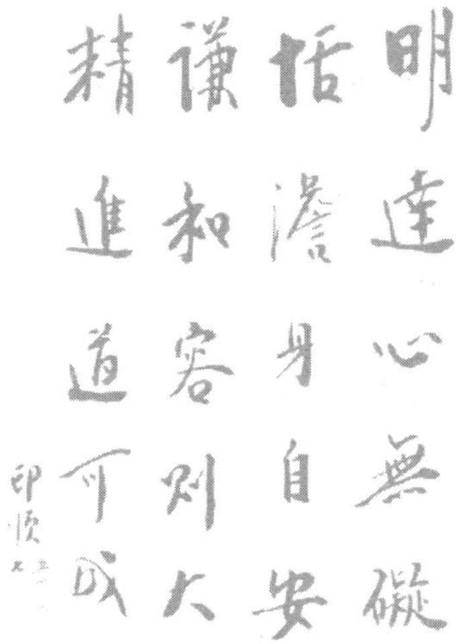
明達心無礙
恬澹身自安
謙和容則大
精進道可成
印順

中华书局

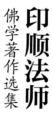

图书在版编目(CIP)数据

人间佛教论集/释印顺著. —北京:中华书局,2010.6
(2022.12 重印)
(印顺法师佛学著作选集)
ISBN 978-7-101-07043-9

Ⅰ.人… Ⅱ.释… Ⅲ.佛教-文集 Ⅳ.B948-53

中国版本图书馆 CIP 数据核字(2009)第 184136 号

经台湾财团法人印顺文教基金会授权出版

书　　名	人间佛教论集
著　　者	释印顺
丛 书 名	印顺法师佛学著作选集
责任编辑	陈　平
责任印制	陈丽娜
出版发行	中华书局 (北京市丰台区太平桥西里 38 号　100073) http://www.zhbc.com.cn E-mail:zhbc@zhbc.com.cn
印　　刷	三河市宏盛印务有限公司
版　　次	2010 年 6 月第 1 版 2022 年 12 月第 3 次印刷
规　　格	开本/880×1230 毫米　1/32 印张 5　插页 2　字数 110 千字
印　　数	6001-8000 册
国际书号	ISBN 978-7-101-07043-9
定　　价	18.00 元

目　录

一 契理契机之人间佛教

一 探求佛法的信念与态度

三年前，宏印法师的《妙云集宗趣窥探》说："我积多年的见闻，总觉得这些人的批评，抓不住印公导师的思想核心是什么，换句话说，他们不知《妙云集》到底是在传递什么讯息！"最近，圣严法师在《印顺长老的佛学思想》中说："他的著作太多，涉及范围太广，因此使得他的弟子们无以为继，也使他的读者们无法辨识他究竟属于哪一宗派。"二位所说，都是很正确的！我在修学佛法的过程中，本着一项信念，不断地探究，从全体佛法中，抉择出我所要弘扬的法门；涉及的范围广了些，我所要弘扬的宗趣，反而使读者迷惘了！其实我的思想，在一九四二年所写的《印度之佛教·自序》，就说得很明白："立本于根本佛教之淳朴，宏传中期佛教之行解（梵化之机应慎），摄取后期佛教之确当者，庶足以复兴佛教而畅佛之本怀也欤！"我不是复古的，也决不是创新的，是主张不违反佛法的本质，从适应现实中，振兴纯正的佛法。所以一九四九年完成的《佛法概论·自序》就这样说:"深深地觉得,初期佛法的时代适应性,是不能充分表达释尊真谛的。大乘佛法的应运而兴,……确有它独到的长处。……宏通佛法,不应为旧有的方便所拘蔽,应使佛法从新的适应中开展。……着重于旧有的抉发,希望能刺透两边(不偏于大小,而能通于大小),让佛法在这人生正道中,逐渐能取得新的方便适应而发扬起来!"——这是我所深信的,也就是我所要弘扬的佛法。

这一信念,一生为此而尽力的,是从修学中引发决定的。在家时期,"我的修学佛法,一切在摸索中进行。没有人指导,读什么经论,是全凭因缘来决定的。一开始,就以三论、唯识法门为研求对象,(法义太深)当然事倍而功半。""经四、五年的阅读思惟,多少有一点了解。……理解到的佛法(那时是三论与唯识),与现实佛教界差距太大,这是我学佛以来,引起严重关切的问题。""佛法与现实佛教界有距离,是一向存在于内心的问题。出家来八年的修学,知道(佛法)为中国文化所歪曲的固然不少,而佛法的渐失本真,在印度由来已久,而且越(到后)来越严重。所以不能不将心力,放在印度佛教的探究上。"(《游心法海六十年》)我在佛法的探求中,直觉得佛法常说的大悲济世,六度的首重布施,物质的、精神的利济精神,与中国佛教界是不相吻合的。在国难教难严重时刻,读到了《增一阿含经》所说:"诸佛皆出人间,终不在天上成佛也。"回想到普陀山阅藏时,读到《阿含经》与各部广律,有现实人间的亲切感、真实感,而不是部分大乘经那样,表现于信仰与理想之中,而深信佛法是"佛在人间"、"以人类为本"的佛法。也就决定了探求印度佛法的立场与目标，如《印度之佛教·自序》所说："深信佛教于长期之发展中，必有以流变而失真者。探其宗本，明其流变，抉择而洗炼之，愿自治印度佛教始。察思想之所自来，动机之所出，于身心国家实益之所在，不为华饰之辩论所蒙（蔽），愿本此意以治印度之佛教。"所以我这一生，虽也写了《中国禅宗史》、《中国古代民族神话与文化之研究》，对外也写有《评熊十力的新唯识论》、《上帝爱世人》等，而主要是在作印度佛教史的探讨；而佛教思想史的探究，不是一般的学问，而是"探其宗本，明其流变，抉择而洗炼之"，使佛法能成为适应时代、有益人类身心的、"人类为本"的佛法。

印度佛教思想史的研究，我是"为佛法而研究"，不是为研究而研究的。我的研究态度与方法，一九五三年底，表示在《以佛法研究佛法》一文中。我是以佛法最普遍的法则，作为研究佛法（存在于人间的史实、文字、制度）的方法，主要是"诸行无常，诸法无我，涅槃寂静"。"涅槃寂静"，为研究佛法者的究极理想。"诸行无常"，"从佛法演化的见地中，去发现佛法真义的健全与正常的适应"。"诸法无我"中，人无我是："在佛法的研究中，就是不固执自我的成见，不（预）存一成见去研究"；法无我是：一切都是"在展转相依相拒中，成为现实的一切。所以一切法无我，唯是相依相成的众缘和合的存在"。也就因此，要从"自他缘成"、"总别相关"、"错综离合"中去理解。这样"研究的方法，研究的成果，才不会是变了质的违反佛法的佛法"。这一研究的信念，在一九六七年（夏）所写的《谈入世与佛学》中列举了三点："要重视其宗教性"，"重于求真实"，"应有以古为鉴的实际意义"，而说"真正的佛学研究者，要有深彻的反省的勇气，探求佛法的真实而求所以适应，使佛法有利于人类，永为众生作依怙"。那年冬天，在《说一切有部为主的论书与论师之研究·自序》中，把"我的根本信念与看法"列举八项，作为研究佛法的准则(略)。我是在这样的信念、态度、理想下，从事印度佛教思想史的研究，但限于学力、体力，成就有限，如一九八二年六月致继程法师的信上说："我之思想，因所图者大，体力又差，致未能完全有成。大抵欲简别余宗，必须善知自他宗，故在《妙云集》上编，曾有三系经论之讲记，以明确了知三宗义理之各有差别，立论方便不同。晚年作品，自史实演化之观点，从大乘佛法兴起之因缘，兴起以后之发展，进展为如来藏佛性——妙有说；从部派思想之分化，以上观佛法之初期意义。澄其流，正其源，以佛法本义为核心，摄取发展中之种种胜义，以期更适应人心，而跳出神(天)化之旧径。此为余之思想，但从事而未能完成也！"

二　印度佛教思想史的分判

现在世界各地所传的佛法，目标与修行、仪式，有相当大的差距，但大体地说，都是从印度传来，因时地演化而形成的。印度的佛教，从西元前五世纪，释尊成佛说法而开始，流传到西元十二世纪而灭亡。千七百年(大概地说千五百年)的印度佛教，我在《印度之佛教》中，分为五个时期：一、声闻为本之解脱同归；二、菩萨倾向之声闻分流；三、菩萨为本之大小兼畅；四、如来倾向之菩萨分流；五、如来为本之佛梵一如。这五期中，一、三、五,表示了声闻、菩萨、如来为主的,也就是修声闻行,修菩萨行,修如来行,有显著不同特色的三大类型;第二与第四期,表示了由前期而演化到后期的发展过程。在《说一切有部为主的论书与论师之研究·自序》,又以"佛法"、"大乘佛法"、"秘密大乘佛法"——三期来统摄印度佛教。"佛法"中,含摄了五期的初期与二期,也就是一般所说"原始佛教"与"部派佛教"。"大乘佛法"中,含摄了五期的第三与第四期,我通常称之为"初期大乘"与"后期大乘"。约义理说,"初期大乘"是一切皆空说,"后期大乘"是万法唯心说。"秘密大乘佛法"有显著的特色,所以别立为一类。三期的分类,正与秘密大乘者的分类相合,如《摄行炬论》所说的"离欲行","地波罗蜜多行","具贪行";《三理炬论》所说的"谛性义","波罗蜜多义","广大密咒义"。因此,我没有一般人那样,统称后三为"初期大乘"、"中期大乘"、"后期大乘",而在"前期大乘"、"后期大乘"外,把末后的"秘密大乘"独立为一期。这是约思想的主流说,如"大乘佛法"时期,"部派佛教"也还在发展中;"秘密大乘佛法"时期,"大乘佛法"也还在宏传,只是已退居旁流了!

在"大乘佛法"中,我在一九四一年所写的《法海探珍》中,说到了三系:"性空唯名"、"虚妄唯识"、"真常唯心",后来也称之为三论。"后期大乘"是真常本有的"如来藏,我,自性清净心",与说一切法自性空的"初期大乘",都是起源于南印度而流传北方的。西元三、四世纪间兴起的"虚妄唯识论",却是渊源于北方的。真常——"如来藏,我,自性清净心"法门,融摄"虚妄唯识"而大成于中(南)印度,完成"真常唯心论"的思想系

（如《楞伽》与《密严经》），所以叙列这样的次第三系。向后看，"真常唯心"是佛德本有论，正是"秘密大乘"的理论基础：众生本有如来功德，才有成立即生成佛——"易行乘"的可能。向前看，声闻部派的所以分流，主要是：一、释尊前生的事迹，以"本生"、"譬喻"、"因缘"而流传出来，也就是佛的因行——菩萨大行的成立。二、大众部分出的部派，思想接近大乘，如被称为"诸法但名宗"的一说部，与般若法门的"性空唯名"，是非常接近的，这是从声闻为本的"佛法"，进展到"大乘佛法"的过程。还有，第五期的"梵佛一如"，应改正为"天佛一如"。因为"秘密大乘"所重的，不是离欲的梵行，而是欲界的忉利天，四大王众天式的"具贪行"。而且，"天"可以含摄一切天，所以改名为"天佛一如"要更为恰当些。我对印度佛教史所作的分类，有五期说；三期说；也可分三期的"大乘佛法"为"初期大乘佛法"、"后期大乘佛法"，成为四期说。大乘佛法的三系说，开合不同，试列表如下：

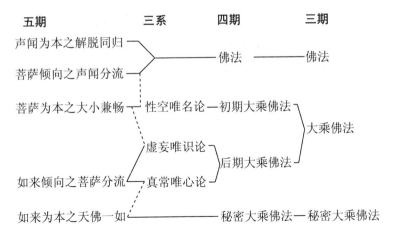

五期	三系	四期	三期
声闻为本之解脱同归		佛法	佛法
菩萨倾向之声闻分流			
菩萨为本之大小兼畅	性空唯名论	初期大乘佛法	大乘佛法
	虚妄唯识论	后期大乘佛法	
如来倾向之菩萨分流	真常唯心论		
如来为本之天佛一如		秘密大乘佛法	秘密大乘佛法

三　从印度佛教思想史论台贤教判

　　上来依印度佛教史所作的分判，与我国古德的判教是不同的。古德的判教，以天台、贤首二家为最完善。但古德是以一切经为佛说，依佛说的先后而判的，如古代的五时教、《华严经》的三照，如作为出现于历史的先后，那是不符实况的！然天台所判的化法四教，贤首所判的五教（十宗），从义理上说，与印度佛教思想史的发展，倒是相当接近的，试列表而再为解说：

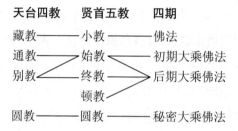

　　"佛法"，与天台的藏教、贤首的小教相当。天台称之为藏教，依经、律、论立名。《法华经》虽说到"小乘三藏"，但藏教不但是声闻，也有菩萨、佛。菩萨大行，如南传《小部》中的"本生"；汉译《十诵律》等，也说到"五百本生"。佛，除经律中释尊的言行外，南传《小部》中有"所行藏"、"佛譬喻"；在汉译中，佛譬喻是编入《根本说一切有部毗奈耶药事》中的。"佛法"既通于声闻（缘觉）、菩萨、佛，称之为"藏教"，应该比"小教"好些。贤首的小教，就是十宗中的前六宗，从犊子部的"我法俱有宗"到一说部的"诸法但名宗"。在这里可以看出：天台的藏教，主要是依三藏说的；贤首的小教，重于佛教界的事实。小教——六宗是部派佛教,不能代表一味和合的原始佛教。"小教"与六宗,显然不如称为"藏教"的好!

天台的"通教"与"别教",与"初期大乘"及"后期大乘"相当。天台家用一"通"字,我觉得非常好! 如般若波罗蜜是三乘共学的。阿罗汉所证,与菩萨的无生忍相当,只是菩萨悲愿深切,忍而不证罢了。大乘经广说空义,每以声闻圣者的自证为例。《般若经》说:声闻而证入圣位的,不可能再发菩提心了,这是通前(藏教),只剩七番生死,不可能再历劫修菩萨行。但接着说:"若发阿耨多罗三藐三菩提心,我亦随喜,终不断其功德。所以者何? 上人应更求上法。"这是可以发心,应该进向大乘了。从思想发展来说:无我我所就是空;空、无相、无愿——三解脱门,是《阿含经》所说的。部派中说:十方有现在佛;菩萨得决定(无生忍),能随愿往生恶趣;证知灭(不生不灭)谛而一时通达四谛;人间成佛说法是化身:"初期大乘"不是与"佛法"(藏教)无关,而是从"佛法"引发而来的。发扬大乘而含容传统的三藏教法,正是大乘初兴所采取的态度。"初期大乘"多说空义,而空的解说不同,如《涅槃经》以空为佛性,这就是通于"别""圆"了。"通"是"通前藏教,通后别圆",在印度佛教史上,初期大乘法,是从三乘共法而通向大乘不共法的关键。天台所说的"别教",是不共(二乘的)大乘,菩萨特有的行证。别说大乘不共的惑业苦:在见思惑外,别立无明住地;在有漏业外,别立无漏业;在分段生死外,别立意生身与不可思议变易死,所以天台宗有界内生死、界外生死的安立。"初期大乘"说真谛与俗谛,缘起幻有即空性。"后期大乘"说如来藏,自性清净心,以空为有余(不了义)说,别说不空——中国所说的"妙有",天台称之为中谛,那是别教了。这些,正是"后期大乘(经)佛法"的特色。

贤首的五教,仰推杜顺的五种观门。第二"生即无生门",第三"事理圆融门",大体与天台的"通教"、"别教"相近。五教与十宗相对论,始教是一切皆空宗,也与通教相同。但贤首于始教中,立始有——相始教,始空——空始教,这才与天台不合了。天台重于经说;智者大师在陈、隋时代,那时的地论师说梨耶是真识,摄论师说梨耶通真妄,都是别教所摄的。贤首的时代,玄奘传出的《成唯识论》(与《地论》、《摄论》本属一系),对如来藏、自性清净心、佛性,解说与经义不同,贤首这才把唯识学纳入始教,分始教为始有与始空。贤首的终教,是说一乘的,一切众生有佛性的;而《成唯识论》说有定性二乘,还有无(圣)性的一阐提人,与贤首的终教不同。贤首的终教,多依《起信论》,真如受熏,也就是以真如为依而说明染净因果;《成唯识论》的染净因果,约生灭的依他起性说,这又是主要的不同。与终教不同,于是判玄奘的唯识学为"相始教",还贬抑在"空始教"以前了。唯识学说:一切法空是不了义的,说依他、圆成实性的有性;《摄大乘论》立十种殊胜,也就是十事都与声闻不同;一切唯识(心)所现;二障,二种生死,三身(四身),四智,一切都是大乘不共法门。而且,不但说一切法空是不了义的,更说到如来藏为真如异名,心性本净(即自性清净心)约心真如说。在佛教思想史上,这无疑是"后期大乘佛法",比一部分如来藏经还要迟一些。不过,这一系的根本论——《瑜伽师地论》,申明三乘法义,推重《杂阿含》为佛法根本(如《摄事分》),与说一切有系——有部与经部有关；以生灭的"虚妄分别识"为染净所依，不妨说离"佛法"不远，判属始教。如来藏、自性清净心、佛性，这一系（终教）经典的传出，比无著、世亲论要早得多；而"如来藏藏识心"，《宝性论》的"佛界、佛菩提、佛德、佛事业"，真常唯心大乘，恰是在虚妄唯识（心）论发展过程中完成的。所以，如分"别教"为二类，真如不随缘的，如虚妄唯识论；真如随缘的，如真常唯心论，似乎比贤首的判虚妄唯识为始教，要来得恰当些！

　　贤首立"顿教"，只是重视唐代大兴的禅宗，为禅宗留一地位。天台与贤首，都是以"圆教"为最深妙的。天台重《法华》与《涅槃经》，贤首重《华严经》。在印度佛教发展史上，《法华经》的成立，应该是"初期大乘佛法"的后期；天台宗的圆义，也与《般若》空义有关，当然是通过了涅槃常住与佛性，也接受了《华严》的"心佛众生三无差别"的思想。《华严经》有"后期大乘佛法"的成分；贤首宗从（《华严》的）地论师发展而来，所以思想是重于唯心的。台、贤所共同的，是"如来为本"。《法华经》开示悟入佛之知见，论法是一乘，论人是如来，开迹显本，表示佛的"寿命无量阿僧祇劫，常住不灭"。《华严经》显示毗卢遮那的果德，说释迦牟尼与悉达多，是毗卢遮那佛的异名。释迦与毗卢遮那相即，《法华》与《华严》，还是不离释迦而说毗卢遮那的。圆满佛果的理想与信仰，本于大众部系所说：佛无所不在，无所不知，无所不能，寿命无量。圆满的佛果观，在"大乘佛法"中，表显于《法华》及《华严经》中。圆满佛德的信仰与理想，与"秘密大乘佛法"——"如来为本之天佛一如"，有一致的理趣。虽然天台与贤首接触到的"秘密大乘佛法"还只是"事续"，而意境上却有相当的共同性。竺道生说"阐提有佛性";台、贤都阐扬"如来为本"的圆义,可说中国古德的卓越智慧,能远见佛法思想发展必然到来的境地!唐玄宗时,善无畏、金刚智(及不空)传来的秘密法门,从流传于日本而可知的,"东密"是以贤首宗的圆义,"台密"是以天台宗的圆义来阐述的。不过台、贤重于法义的理密(圆),与"秘密大乘"的重于事密,还有些距离,可见中国佛教到底还是以"大乘佛法"为主流的。贤首宗成立迟一些,最高的"事事无碍",为元代西番僧(喇嘛)的"无上瑜伽"所引用。

　　我分"大乘佛法"为三系:性空唯名、虚妄唯识、真常唯心,与太虚大师所判的法性空慧宗、法相唯识宗、法界圆觉宗——三宗的次第相同。其实,在唐圭峰宗密的教判中,已有法相宗、破相宗、法性宗(总摄终、顿、圆)的安立;永明延寿是称为相宗、空宗、性宗的。这可见,在"大乘佛法"发展中的三系说,也与古德所说相通。次第的前后差异,是由于圭峰等是依贤首宗说的;真正差别的,那是抉择取舍不同了。三系的次第差异如下:

性空唯名论——法性空慧宗　　法相宗——相宗
虚妄唯识论——法相唯识宗　　破相宗——空宗
真常唯心论——法界圆觉宗——法性宗——性宗

四　印度佛教嬗变的历程

　　探求印度佛教史实,而作五期、四期、三期,及"大乘佛法"三系的分判,与我国古德的教判相通,但抉择取舍不同,因为我是从历史观点而论判的。印度佛教的创始到衰灭,"凡经五期之演变;若取喻人之一生,则如诞生、童年、少壮、渐衰而老死也"(《印度之佛教》)。在《说一切有部为主的论书与论师之研究·自序》,说得更明白些:"印度佛教的兴起、发展又衰落,正如人的一生,自童真、少壮而衰老。童真,充满活力,是可称赞的,但童真而进入壮年,不是更有意义吗?壮年而不知珍摄,转眼衰老了。老年经验多,知识丰富,表示成熟吗?也可能表示接近衰亡。所以我不说愈古愈真,更不同情于愈后愈圆满、愈究竟的见解。"在印度佛教兴灭的过程中,明显地见到:佛教兴起于中印度的东部;渐从中印度而扩展到南印与北印(及东西印度),更发展到印度以外,而有南传与北传佛教的传播。但西元四世纪以后,北印与南印的佛教日渐衰落,萎缩到中东印度,最后因印度教与回教的入侵而灭亡。衰灭,固然有外来的因素,但发展与衰落,应有佛教自身内在的主因,正如老人的终于死亡,主因是身心的日渐老化一样。所以我尊重(童真般的)"佛法",也赞扬(少壮般的)初期的"大乘佛法",而作出:"立本于根本佛教之淳朴,宏阐中期佛法之行解,摄取后期佛教之确当者,庶足以复兴佛教"的结论。

"佛法","大乘佛法"的初期与后期,"秘密大乘佛法",印度先后传出的教典,都说这是甚深的、了义的、究竟的。如《法华经》说是"诸经中王",《金光明经》也这样说;"秘密大乘"的教典,有些是名为"大呾特罗王"、"大仪轨王"——汉译作"大教王"的。以牛乳五味为譬喻的,《大般涅槃经》如醍醐,而在《大乘理趣六波罗蜜多经》中,譬喻醍醐的,是"陀罗尼藏"。总之,每一时代的教典,都自称为最甚深、最究竟的。到底哪些教典是最甚深的,那就在信解者的理解不同了。先从修证的"正法"来说:"佛法"中,缘起是甚深的,以法性、法住、法界、(真)如、不变易性来表示它;又说涅槃是最甚深的。"要先知法住(知缘起),后知涅槃",所以佛弟子是观缘起的无常、苦、无我我所——空,能断烦恼而证究竟涅槃的。初期大乘的《大般若经》,与文殊相关的多数教典,是"以真如为定量","皆依胜义"的。不分别、了解、观察缘起,而直观一切法的但名无实,而修证一切法空,一切法皆如,一切法不可得,一切法无生。《摩诃般若波罗蜜经》明确地说:"深奥处者,空是其义,……(真)如、法性[界]、实际、涅槃,如是等法,是为深奥义。"空(性、真)如等种种名字,无非涅槃的异名。涅槃最甚深,本是"佛法"所说的,但"皆依胜义"——无蕴、处、界,无善无恶,无凡无圣,无修无证,一切法空的深义,一般人是容易误解的,所以《般若经》说:"为久学者,说生灭、不生灭如化。"说一切法如幻化,涅槃也如幻化,如幻如化(依龙树论)是譬喻空的。这是《般若经》的深义,是久学者所能信解修证的。又说"为新发意菩萨故,分别生灭者如化,不生不灭者不如化",那就近于"佛法"说缘起如化,涅槃不如化了。《般若经》的深义,是容易引起误解的,所以西元二、三世纪间,代表"初期大乘"的龙树论,依《般若经》的一切法空与但名无实,会通了"佛法"的缘起中道,而说"因缘所生[缘起]法,我说即是空(性),亦为是假名,亦是中道义",并且说:"若不依俗谛,不得第一义",回归于"先知法住,后知涅槃"——"佛法"的立场。由于缘起而有,是如幻如化都无自性的,所以缘起即空。而"以有空义故,一切法得成",正由于一切法空,所以依缘起而成立一切。《法华经》也说："诸法从本来,常自寂灭相";"诸法常无性,佛种从缘起"。空寂与缘起的统一(大乘是世间即涅槃的),龙树成立了"中观"的"性空唯名论",可说通于"佛法"而又彰显"为久学者说"的甚深义。"后期大乘"的《解深密经》,是"瑜伽行派"——"虚妄唯识论"所宗依的经典。经上说:"一切诸法皆无自性,无生无灭,本来寂静,自性涅槃。于是(《般若》等)经中,若诸有情已种上品善根(一),已清净障(二),已成熟相续(三),已多修胜解(四),已能积集上品福智资粮(五),彼若听闻如是法已,……依此通达善修习故,速疾能证最极究竟。"为五事具足者说,能信解、通达、修证的,就是《般若经》的"为久学者说"。但五事不具足的根机,对深奥义引起的问题不少。依《解深密经》说:有的不能了解,有的误解(空)为什么都没有,有的进而反对大乘。因此,《解深密经》依三性来作显了的解说:一切法空,是约遍计所执自性说的;依他起自性——缘起法是有的;圆成实自性——空性、法界等,因空所显是有而不是没有的。这样的解说——"了义说",那些五事不具的,也能信修大乘佛法了。这一解说,与《般若经》的"为初发意(心)者说",是大致相同的。对甚深秘密,作不深不密的浅显说明,称为了义说。适应不同根性而有此二类,《般若经》与《解深密经》本来是一致的,只是论师的解说不同罢了!"后期大乘"经,以如来藏、我、佛性、自性清净心为主流,西元三世纪起,不断地流传出来。如《大般涅槃经》"前分",说如来大般涅槃,是常乐我净。如来是常住的,那(能成佛的)一切众生应有如来了,这就是真我。"我者,即是如来藏义;一切众生悉有佛性,即是我义";"我者即是如来"。《大般涅槃经》与《如来藏经》等说：相好庄严的如来，在一切众生身内，但是为烦恼（业苦）所缠，还没有显现，如人在胎藏内一样，这是"真常我"说。"我"是有知的，所以与为客尘所染的自性清净心［心性本净］相合，也就是"真常心"。如来藏说，以为《般若》等"一切空经是有余说"，是不究竟的，提出了空与不空，如《大般涅槃经》说："空者，谓无二十五有及诸烦恼，一切苦，一切相，一切有为行；不空者，谓真实善色，常乐我净，不动不变。"如来真解脱——大般涅槃（如来）是不空的，空的是生灭有为的诸行，这与《般若经》"为初发意者说"的，倒是非常吻合！后来《胜鬘经》以"如来空智"——如来空性之智（有如智不二意义），而说空如来藏、不空如来藏，也是这一意义。"有异法是空，有异法不空"，与我国空即不空、不空即空的圆融说不同。在世俗语言中，"如来"有神我的意义，胎"藏"有《梨俱吠陀》的神话渊源，所以如来藏、我的思想，与传统的（"佛法"与"初期大乘"）佛法，有相当的距离。因此，或者以"空"、"缘起"来解说佛性（不再说如来藏了），众生"当（来）有佛性"，而不是一切众生"定有佛性"，如《大般涅槃经》"后分"所说。或以如来藏为依真如的不了义说，如瑜伽行派。然在如来藏说主流，以为这是最甚深的，唯佛能了了知见，十住菩萨也只能少分见；声闻与一般人，只能仰信，只存在于理想、信仰心中。如来藏说，有印度神学意味，而教典的传出，正是印度教复兴的时候；如解说为适应信仰神我的一般人的方便，应该是正确的！《大般涅槃经·师子吼品》说：五百位梵志，不能信受佛说的"无我"。经上说："我常宣说一切众生悉有佛性，佛性者岂非我耶？"梵志们听说有我,就发菩提心了。其实,"佛性者实非我也,为众生故说名为我"。融摄"虚妄唯识"的《楞伽经》也这样说:"为断愚夫畏无我句,……开引计我诸外道故,说如来藏。……当依无我如来之藏。"传统的佛法者,这样的净化了如来藏的真常我说,但适应一般人心的,真常我、真常心的主流——"真常唯心论"者,如《楞伽经》后出的《偈颂品》、《大乘密严经》,说"无我"是没有外道的神我,真我是有的,举种种譬喻,而说真我唯是智者所见的。这一适应神学("为众生故")的如来藏、我、佛性、自性清净心,是一切众生本有的——"佛德本有"说,为"秘密大乘佛法"所依;在中国,台、贤都依此而说"生佛不二"的圆教。

再从方便来说:"佛法"——缘起甚深,涅槃更甚深,解脱生死,真是谈何容易! 这不是容易成就的,所以释尊有不想说法的传说。佛到底慈悲说法了,有好多人从佛出家,也有广大的在家信众,但解脱的到底是少数。为了化导大众,种善根而渐渐地引向解脱(不一定在今生),在正常的八正道外,别有适应信强慧弱(主要为在家)的六念法门——念佛,念法,念僧,念戒,念施,念天。(心)念自己归信的三宝功德,念自己持行的戒德,念自己所作的布施功德,念(自己所能得的)天界的庄严。在忧愁、恐怖,特别是濒临病重的死亡边缘,如修六念,可以心无怖畏而得内心的平安。这有点近于一般宗教,但不是祈求他力的救护。修念佛等方便,如与慧相应,那信增上人也可能证果,这就是"四证净"。由于"佛涅槃后,佛弟子对佛的永恒怀念",发展为"大乘佛法"。"初期大乘",念佛有了非常的发展,如《法华经》说:"更以异方便,助显第一义。""异方便"是特殊的方便:"念佛"的因行而形成菩萨的六度大行；念佛而造佛舍利塔，（西元一世纪起）造佛像，供养、礼拜佛塔与佛像；称念佛名，都是成佛的特别方便（释尊时代是没有的）。伟大的菩萨六度大行，要久劫修行，这是怯劣根性所难以奉行的，所以有"往生净土"的"易行道"；通于一切净土，而往生西方阿弥陀佛净土，受到大乘佛教界的尊重。还有，在十方现在一切佛前，礼拜、忏悔、劝请、随喜、回向等，也是为怯劣根性说的，如信愿坚固，可以引入正常的菩萨道。以上所说的念佛法门，是一般（可浅可深）的，重要的是"观想念佛"。由于那时的佛像流行，念佛的都念佛的相好庄严。观佛身相而成就的，是般舟（一切佛现在前立）三昧。依此念佛三昧的定境，而理会出"是心作佛"，"三界唯心"（"虚妄唯识论"者的唯识说，也是从定境而理解出来的）。到了"后期大乘"，说一切众生本有如来藏、我、自性清净心，也就是本有如来德性，于是修念佛观的，不但观外在的佛，更观自身是佛。"秘密大乘佛法"，是从"易行道"来的"易行乘"，认为历劫修菩萨行成佛，未免太迂缓了，于是观佛身、佛土、佛财、佛业（称为"天瑜伽"），而求即生成佛。成佛为唯一目标，"度众生"等成了佛再说。念佛观，在佛法的演化中，是有最深远影响的！方便道的"念法"，"初期大乘"中，有了独到的发展。如《般若》、《法华经》等，说读经、（背或讽）诵经、写经、布施经典等，有重于现生利益的不可思议功德，并称般若"是大神咒，是大明咒，是无上咒，是一切咒王"。咒术，本是"佛法"所禁止的，渐渐地渗入"大乘佛法"，主要是为了护法，降伏邪魔。诵经与持咒，有共同的倾向，也与称名的念佛相通；音声佛事，特别是咒语，成为"秘密大乘"修持的要目。"念佛"、"念法"外,"念天"是非常重要的!
"佛法"容认印度群神——天的存在,但梵天、帝释、四大王众天
的鬼神,佛弟子是不信敬、不礼拜的。佛与在家、出家弟子,诸天
却表示了恭敬、赞叹、归依、(自动地来)护法的真诚(邪神恶鬼
在外)。佛与人间弟子胜过了天神,是佛法的根本立场。"大乘
佛法"兴起,由于"本生"中,菩萨有天神、畜生身的,所以有天菩
萨在大乘经中出现,如《海龙王经》、《大树紧那罗王所问经》、
《密迹金刚力士经》等。《华严经》圆融无碍,有无数的执金刚
神、主城神、主地神、……大自在天,来参加法会,都是大菩萨。
善财童子参访的善知识,也附入了不少的主夜神(女性夜叉)。
夜叉菩萨名为金刚手,或名执金刚、金刚藏,在《华严经》中,地
位高在十地以上。"初期大乘"经,深(观)广(大菩萨行)而与
通俗的方便相统一,入世而又有神秘化的倾向。到了"后期大
乘",如《楞伽经》《大集经》,说到印度著名的天神,都是如来的
异名;在鬼、畜天的信仰者,所见的如来就是鬼、畜。在理论上,
达到了"天佛一如",也就是"神佛不二",这是与印度教的兴盛
有关的。到了"秘密大乘佛法",念天的影响更深。如仿五部夜
叉,及帝释在中间、四大天王四方坐的集会,而有五部如来的集
会方式。天菩萨着重忿怒相、欲乐的身相。观自身是佛的佛慢,
也名为天慢。而忉利天与四大王众天的男女交合而不出精,也
成为实现大乐、即身成佛的修证理想。欲界天神——大力鬼王
与高等畜生天的融入佛教,不但有五甘露——尿、屎、骨髓、精、
血,五肉——狗肉、牛、马、象、人肉等鬼神供品;而"佛法"所禁
止的咒术以外,占卜、问镜、观星宿、火祭——护摩,这些印度神

教的,都纳入"秘密大乘"。念天而演变到以"天(鬼神)教"方式为佛法主流,真是世俗所说的"方便出下流"了! 重信仰、重秘密(不得为未受法的人说,说了堕地狱)、重修行、"索隐行怪"的"秘密大乘佛法",是"念佛"与"念(欲)天"的最高统一。

五　佛教思想的判摄准则

在印度佛教思想史的探求中,发现了一项重要的判摄准则。南传佛教的觉音三藏,我没有能力读他的著作,但从他四部(阿含)注释书名中,得到了启发。他的四部注释,《长部》注名"吉祥悦意",《中部》注名"破斥犹豫",《相应(即"杂")部》注名"显扬真义",《增支部》注名"满足希求"。四部注的名称,显然与龙树所说的四悉檀(四宗、四理趣)有关,如"显扬真义"与第一义悉檀,"破斥犹豫"与对治悉檀,"满足希求"与各各为人(生善)悉檀,"吉祥悦意"与世界悉檀。深信这是古代传来的,对结集而分为四部阿含,表示各部所有的主要宗趣。一九四四年秋,我在汉院讲《阿含讲要》,先讲"四阿含经的判摄",就是依四悉檀而判摄四阿含的。在原始圣典的集成研究中,知道原始的结集略同《杂阿含》,而《杂阿含》是修多罗、祇夜、记说等三分集成的。以四悉檀而论,"修多罗"是第一义悉檀;"祇夜"是世界悉檀;"记说"中,弟子记说是对治悉檀,如来记说是各各为人生善悉檀。佛法有四类理趣,真是由来久矣! 这可见,《杂阿含》以第一义悉檀为主,而实含有其他三悉檀。进一步地辨析,那"修多罗"部分,也还是含有其他三悉檀的。所以这一判摄,是约圣典主要的理趣所在而说的。四悉檀传来中国,天台家多约众生的听闻得益说,其实是从教典文句的特性,所作的客观判摄。依此四大宗趣,观察印度佛教教典的长期发展,也不外乎四悉檀,如表:

```
佛法 ………………… 第一义悉檀 ……… 显扬真义
        ┌ 初期 …… 对治悉檀 ………… 破斥犹豫
大乘佛法┤
        └ 后期 …… 各各为人悉檀 …… 满足希求
秘密大乘佛法 ……… 世界悉檀 ………… 吉祥悦意
```

一九七○年所写成的《原始佛教圣典之集成》,我从教典的先后,作了以上的判摄。这里再为叙述:从长期发展的观点来看每一阶段圣典的特色,是:一、以《杂阿含经》(《相应部》)为本的"四部阿含"(四部可以别配四悉檀),是佛法的"第一义悉檀",无边的甚深法义,都从此根源而流衍出来。二、"大乘佛法"初期的"大乘空相应经",广说一切法空,遣除一切情执,契入空性。《中论》说:"如来说空法,为离诸见故",是依《宝积经》说的。所以"大乘空相应经"的特色,是"对治悉檀"。三、"大乘佛法"后期,为真常不空的如来藏、我、佛性说,点出众生心自性清净,为生善、成佛的本因,重在"为人生善悉檀"。"各各为人生善",是多方面的。心自性清净,就是"心性本净",是出于"满足希求"的《增支部》的。《成实论》也说:"佛为懈怠众生,若闻心本不净,便谓性不可改,则不发清净心,故说本净。"在"后期大乘"中,就成为一切众生有如来藏、我、佛性说:这是一。如来藏说,是念自己身心中有佛。"初期大乘"的念佛往生净土,念佛见佛的般舟三昧;"佛法"六念中念佛,都是为信增上者、心性怯劣怖畏者说的:这是二。这些"为人生善"的教说,都有"易行"诱导的倾向。四、"秘密大乘佛法"的流行,融摄了印度神教所有的宗教行仪。如说:"劣慧诸众生,以痴爱自蔽,唯依于有著。……为度彼等故,随顺说是法。"在修持上,重定力,以欲天的佛化为理想,所以在身体上修风、修脉、修明点,从欲乐中求成佛,是"世界悉檀"。佛法一切圣典的集成,只是四大宗趣的重点开展。我应用牧女卖乳而一再加水为喻:为了多多利益众生,不能不求适应,不能没有方便,如想多卖几个钱而在乳中加些水一样。这样的不断适应,不断地加入世俗的方便,四阶段集成的圣典,如在乳中一再加水去卖一样,终于佛法的真味淡了,印度佛教也不见了!

这一判摄,是佛法发展阶段的重点不同,不是说"佛法"都是第一义悉檀,"秘密大乘佛法"都是世界悉檀,所以说:"一切圣典的集成,只是四大宗趣的重点开展,在不同适应的底里,直接于佛陀自证的真实。""佛法的世界悉檀,还是胜于世间的神教,因为这还有倾向于解脱的成分。"这一切都是佛法;"秘密大乘"是晚期佛教的主流,这是佛教史上的事实,所以我不能同意"入篡正统"的批评。都是流传中的佛法,所以不会彻底否定某些佛法。但我不是宗派徒裔,不是学理或某一修行方法的偏好者。我是为佛法而学,为佛法适应于现代而学的,所以在佛法的发展中,探索其发展的脉络,而了解不同时代佛法的多姿多态,而作更纯正的、更适应于现代的抉择。由于这一立场,三期、四期的分判,相当于古德的分判,而意见不同,主要是由于纯正的、适应现代的要求。也就作成这样的结论:"立本于根本佛教之淳朴,宏阐中期佛教(指'初期大乘')之行解(梵化之机应慎),摄取后期佛教之确当者,庶足以复兴佛教而畅佛之本怀也欤!"

六   契理而又适应世间的佛法

什么是"立本于根本佛教之淳朴"?佛弟子所应特别重视的,是一切佛法的根源,释尊的教授教诫,早期集成的圣典——"阿含"与"律"[毗尼]。在"阿含"与"律"中,佛、法、僧——三宝,是朴质而亲切的。"佛"是印度迦毗罗卫的王子,经出家,修行而成佛,说法、入涅槃,有印度的史迹可考。《增一阿含经》说:"诸佛皆出人间,终不在天上成佛也。"佛不是天神、天使,是在人间修行成佛的;也只有生在人间,才能受持佛法,体悟真理[法]而得正觉的自在解脱,所以说"人身难得"。"佛出人间",佛的教化,是现实人间自觉觉他的大道,所以佛法是"人间佛教",而不应该鬼化、神化的。不过在佛法的长期流传中,由于"佛涅槃后,佛弟子对佛的永恒怀念",不免渐渐地理想化、神化,而失去了"如来两足[人]尊"的特色!"僧"(伽),是从佛出家众弟子的组合。佛法是解脱道,依圣道修行而实现解脱,在家、出家是一样的。但在当时——适应那时的印度风尚,释迦佛是出家的;佛法的传宏,以佛及出家弟子的游行教化而广布,是不容争议的。适应当时的社会,在家弟子是没有组织的。对出家众,佛制有学处——戒条,且有团体的与经济的规制。出家众的组合,名为僧伽,僧伽是和乐清净(健全)的集团。和乐清净的僧伽,内部是平等的、民主的、法治的,以羯磨而处理僧事的。

出家众,除衣、钵、坐卧具及少数日用品外,是没有私有财物的。寺院、土地、财物,都属于僧伽所有,而现住众在合法下,可以使用。而且,这不是"现前(住)僧"所有,佛法是超越民族、国家的,只要是具备僧格的,从各处来的比丘(及比丘尼),如长住下来,就与旧住的一样。所以僧伽所有物,原则是属于"四方僧"的。僧伽中,思想是"见和同解",经济是"利和同均",规制是"戒和同遵"。这样的僧伽制度,才能和乐共住,精进修行,自利利他,达成正法久住的目的。但"毗尼[律]是世界中实",在律制的原则下,不能没有因时、因地的适应性。可惜在佛法流传中,重律的拘泥固执,渐流于繁琐形式。而一分专重修证或重入世利生的,却不重毗尼,不免形同自由的个人主义。我想,现代的佛弟子,出家或在家的(现在也已有组织),应重视律制的特质。

律是"法"的一分。法的第一义,是八正道——正见,正思惟,正语,正业,正命,正精进,正念,正定。依正确的知见而修行,才能达成众苦的解脱。如约次第说,八正道是闻、思、修(正定相应)慧的实践历程。这是解脱者所必修的,所以称为"古仙人道",离此是没有解脱的。修行者在正见(而起信愿)中,要有正常的语言文字、正常的(身)行为,更要有正命——正常的经济生活。初学者要这样的学,修行得解脱的更是这样。佛法在中国,说圆说妙,说心说性,学佛者必备的正常经济生活,是很难得听到的了!依正见而起正语、正业、正命,然后"自净其心",定慧相应而引发无漏慧,所以在五根(信、精进、念、定、慧)中,佛说慧——般若如房屋的栋梁一样,是在先的,也是最后的。佛法是理性的德行的宗教,依正见而起信,不是神教式的信心第一。依慧而要修定,定是方便,所以也不是神教那样的重禅定,而眩惑于定境引起的神秘现象。佛弟子多数是不得根本定的,没有神通,但以"法住智"而究竟解脱,这不是眩惑神秘者所能理解的。有正见的,不占卜、不持咒、不护摩(火供),佛法是这样的纯正! 正见——如实知见的,是缘起——"法"的又一义。世间一切的苦迫,依众生、人类而有(依人而有家庭、社会、国家等),佛法是直从现实身心去了解一切,知道身心、自他、物我,一切是相依的,依因缘而存在。在相依而有的身心延续中,没有不变的——非常,没有安稳的——苦,没有自在的(自己作主而支配其他)——无我。世间是这样的,而众生、人不能正确理解缘起("无明"),对自己、他人(他众生)、外物,都不能正见而起染著("爱")。以无明、染爱而有造作(业),因行业而有苦果。三世的生死不已是这样,现生对自体(身心)与外境也是这样,成为众生无可奈何的大苦。如知道"苦"的原因所在"集"(无明与爱等烦恼),那从缘起的"此生故彼生",理解"此灭故彼灭",也就是以缘起正见而除无明,不再执著常、乐、我我所了,染爱也不起了。这样,现生是不为外境(及过去熏染的)所干扰而解脱自在,死后是因灭果不起而契入"寂灭"——不能说是有是无,只能从一切苦灭而名为涅槃,涅槃是无上法。佛法是理性的德行的宗教,以解脱生(老病)死为目标的。这是印度当时的思想主流,但佛如实知缘起而大觉,不同于其他的神教。这是佛法的本源,正确、正常而又是究竟的正觉。修学佛法的,是不应迷失这一不共世间的特质!

　　什么是"宏阐中期佛教之行解"？中期是"大乘法"的兴起，是菩萨行为本而通于根本佛法的。依涅槃而开展为"一切法不生"，"一切法空"说。涅槃是最甚深的，当然可说是第一义悉檀，但重点的开展，显然存有"对治"的特性。如一、"佛法"依缘起为本，阐明四谛、三宝、世出世法。在佛法流传中，显然是异说纷纭，佛教界形成异论互诤的局面。大乘从高层次——涅槃超越的立场，扫荡一切而又融摄一切，所以说"一切法正，一切法邪"（龙树说："愚者谓为乖错，智者得般若波罗蜜故，入三种法门无所碍"，也就是这个意思）。二、佛说缘起，涅槃是缘起的寂灭，是不离缘起"此灭故彼灭"而契入的。在佛法流传中，倾向于世间与涅槃——有为与无为的对立，所以大乘说"色（等五蕴）即是空，空即是色（等）"，说示世间实相。与文殊有关的教典，说"烦恼即菩提"等；依《思益经》说，这是"随（人所）宜"的对治法门。三、传统的僧伽，在寺塔庄严的发展中，大抵以释尊晚年的僧制为准绳，以为这样才是持戒的，不知"毗尼是世界中实"，不能因时、因地而作合理的修正，有些就不免徒存形式了！专心修持的，不满拘泥守旧，倾向于释尊初期佛教的戒行（正语、正业、正命，或身、语、意、命——四清净），有重"法"的倾向，而说"罪［犯］不罪［持］不可得故，具足尸罗［戒］波罗蜜"。如"对治悉檀"而偏颇发展，那是有副作用的。然《般若经》的深义，专从涅槃异名的空性、真如去发扬，而实是空性与缘起不二。如广说十八空（性），而所以是空的理由，是"非常非灭故。何以故？性自尔"，这是本性空。"非常非灭"也就是缘起，如《小品般若经》，举如焰烧炷的譬喻，而说"因缘［缘起］甚深"。怎样的甚深？

"若心已灭,是心更生否? 不也,世尊! ……若心生,是灭相否?
世尊! 是灭相。……是灭相当灭否? 不也,世尊! ……亦如是
住,如(真)如住不? 世尊! 亦如是住,如(真)如住。……若如
是住,如如住者,即是常耶? 不也,世尊!"从这段问答中,可见
缘起是非常非灭的,与空性不二。所以经说如幻如化,是譬喻缘
起,也是譬喻空性的。《般若经》深义,一切法如幻如化,涅槃也
如幻如化。这一"世间即涅槃"的大乘法,如不知立教的理趣,
会引起偏差的。龙树作《中论》,依大乘法,贯通《阿含》的中道
缘起,说不生不灭、不常不断[非常非灭]、不一不异、不来不出的
八不缘起。一切法空,依空而四谛、三宝、世出世法都依缘起而
成立。遮破异计,广说一切法空,而从"无我我所"契入法性,与
释尊本教相同。一切法依缘起而善巧成立,特别说明《阿含》常
说的十二缘起。在龙树的《智度论》中,说到缘起的一切法相,
大体与说一切有系说相近(但不是实有而是幻有了)。"三法印
即一实相印",依根性而有巧拙的差异:这是"通"于《阿含》及初
期大乘经的! 说到"大乘佛法"的修行,主要是菩提愿、大悲与
般若(无所得为方便)。由于众生根性不一,学修菩萨行的,也
有信愿增上、悲增上、智增上的差异(经典也有偏重的),但在修
菩萨行的历程中,这三者是必修而不可缺少的。如有悲而没有
菩提愿与空慧,那只是世间的慈善家而已。有空慧而没有悲愿,
那是不成其为菩萨的。所以大乘菩萨行,是依此三心而修,主要
是六度、四摄。布施等是"佛法"固有的修行项目,大乘是更多
的在家弟子发心,所以布施为先。菩萨大行的开展,一则是佛弟
子念佛的因行,而发心修学;一则是适应世间,悲念世间而发心。

龙树论阐扬的菩萨精神，我在《印度之佛教》说："其说菩萨也，一、三乘同入无余涅槃，而（自）发菩提心，其精神为忘己为人。二、抑他力为卑怯，自力不由他，其精神为尽其在我。三、三僧祇劫有限有量，其精神为任重致远。菩萨之精神可学，略可于此见之。"菩萨行的伟大，是能适应世间、利乐世间的。"初期大乘佛法"与"佛法"的差异，正如古人所说："古之学者为己，今之学者为人。"

　　什么是"梵化之机应慎"？梵化，应改为天化，也就是低级天的鬼神化。西元前五〇年到西元二〇〇年，"佛法"发展而进入"初期大乘"时代。由于"佛弟子对佛的永恒怀念"，理想化的、信仰的成分加深，与印度神教，自然的多了一分共同性。一、文殊是舍利弗与梵天的合化，普贤是目犍连与帝释的合化，成为如来（新）的二大胁侍。取象湿婆天（在色究竟天），有圆满的毗卢遮那佛。魔王、龙王、夜叉王、紧那罗王等低级天神，都以大菩萨的姿态出现在大乘经中，虽然所说的，都是发菩提心，悲智相应的菩萨行，却凌驾人间的圣者，大有人间修行，不如鬼神——天的意趣。无数神天，成为华严法会的大菩萨，而夜叉菩萨——执金刚神，地位比十地菩萨还高。这表示了重天神而轻人间的心声，是值得人间佛弟子注意的！二、神教的咒术等也出现于大乘经中，主要是为了护法。但为了护持佛法，诵咒来求护持，这与"佛法"中自动地来护法不同，而有祈求的意义。神教的他力护持，在佛法中发展起来。三、"念佛"（"念菩萨"）、"念法"法门，或是往生他方净土，或是能得现生利益——消灾、治病、延寿等。求得现生利益，与低级的神教、巫术相近。"大乘佛法"普及了,而信行却更低级了!我不否认神教的信行,如去年有一位(曾参禅)来信说:"……否则,……乃至奥义书、耆那教诸作者圣者就是骗子了!"我回信说:"不但奥义书、耆那教不是骗子,就是基督教……乃至低级的巫术,也不完全是骗人的。宗教(高级或低级的)总有些修验(神秘经验),……如有了些修验,大抵是信心十足,自以为是,如说给人听,决不能说是骗子。……不过,不是骗人,并不等于正确,否则奥义书、耆那教也好,何必学佛?""初期大乘"的神化部分,如看作《长阿含经》那样,是"世界悉檀"、"吉祥悦意",那大可作会心的微笑。如受到"方便"法门功德无边(佛经的常例,越是方便,越是功德不可思议)的眩惑,顺着世俗心而发展,那是会迷失"佛出人间",人间大乘正行而流入歧途的。

什么是"摄取后期佛教之确当者"?如"后期大乘"的如来藏、佛性、我,经说还是修菩萨行的。如知道这是"各各为人生善悉檀",能顺应世间人心,激发人发菩提心,学修菩萨行,那就是方便了。如说如来藏、佛性是(真)我,用来引人向佛,再使他们知道:"开引计我诸外道故,说如来藏,……当依无我如来之藏";"佛性者实非我也,为众生故说名为我",那就可以进一步而引入佛法正义了。只是信如来藏我的,随顺世俗心想,以为这才是究竟的,这可就失去"方便"的妙用,而引起负面作用了!又如"虚妄唯识论"的《瑜伽师地论》等,通用三乘的境、行、果,《摄事分》还是《杂阿含经》"修多罗"的本母呢!无著、世亲的唯识说,也还是依无常生灭,说"分别自性缘起"(称十二缘起为"爱非爱缘起")。这是从说一切有部、经部而来的,重于"果从因生"的缘起论。如知道这是为五事不具者所作的显了解说，那与龙树的中道八不的缘起论，有相互增明的作用了。古代经论，解理明行，只要确立不神化的"人间佛教"的原则，多有可以采用的。人的根性不一，如经说的"异欲、异解、异忍"，佛法是以不同的方法——世界、对治、为人、第一义悉檀，而引向佛法，向声闻、向佛的解脱道而进修的。这是我所认为是能契合佛法，不违现代的佛法。

七　少壮的人间佛教

宣扬"人间佛教"，当然是受了太虚大师的影响，但多少是有些不同的。一、（一九四〇年）虚大师在《我怎样判摄一切佛法》中，说到"行之当机及三依三趣"，以为现在进入"依人乘行果，趣进修大乘行的末法时期"；应"依着人乘正行，先修成完善的人格，……由此向上增进，乃可进趣大乘行"。这是能适应现代根机，但末法时期，应该修依人乘而趣大乘行，没有经说的依据，不易为一般信徒所接受。反而有的正在宣扬：称名念佛是末法时期的唯一法门呢！所以我要从佛教思想的演化中，探求人间佛教的依据。二、大师的思想，核心还是中国佛教传统的。台、贤、禅、净（本是"初期大乘"的方便道）的思想，依印度佛教思想史来看，是属于"后期大乘"的。这一思想在中国，我在《谈入世与佛学》中，列举三义：（一）"理论的特色是至圆"；（二）"方法的特色是至简"；（三）"修证的特色是至顿"。在信心深切的修学者，没有不是急求成就的。"一生取办"，"三生圆证"，

"直指人心见性成佛","立地成佛",或"临终往生净土",就大大地传扬起来。真正的大乘精神,如弥勒的"不修(深)禅定,不断(尽)烦恼",从广修利他的菩萨行中去成佛的法门,在"至圆"、"至简"、"至顿"的传统思想下,是不可能发扬的。大师说:中国佛教"说大乘教,修小乘行",思想与实行,真是这样的不相关吗?不是的,中国佛教自以为最上乘,他修的也正是最上乘行呢!迟一些的"秘密大乘佛法",老实的以菩萨行为迂缓,而开展即身成佛的"易行乘",可说是这一思想倾向的最后一着。我从印度佛教思想史中,发见这一大乘思想的逆流——佛德本具(本来是佛等)论,所以断然地赞同"佛法"与"大乘佛法"的初期行解。三、佛法本是人间的,容许印度群神的存在,只是为了减少弘传的阻力,而印度群神,表示了尊敬与护法的真诚。如作曼荼罗,天神都是门外的守卫者,少数进入门内,成为外围分子。"大乘佛法",由于理想的佛陀多少神化了,天(鬼神)菩萨也出现了,发展到印度的群神与神教的行为、仪式,都与佛法融合。这是人间佛教的大障碍,所以一九四一年写了《佛在人间》,明确地说:"佛陀怎样被升到天上,我们还得照样欢迎到人间。人间佛教的信仰者,不是人间,就是天上,此外没有你模棱两可的余地!"

从印度佛教的兴起、发展、衰落而灭亡,我譬喻为:"正如人的一生,自童真、少壮而衰老。童真充满活力,是可称赞的,但童真而进入壮年,不是更有意义吗?壮年而不知珍摄,转眼衰老了。老年经验多,知识丰富,表示成熟吗?也可能表示接近死亡。"存在于世间的,都不出"诸行无常",我以这样的看法,而推重"佛法"与"初期大乘"的。童真到壮年,一般是生命力强,重事实,极端的成为唯物论,唯心论是少有的。由壮年而入老年,内心越来越空虚(所以老年的多信神教),思想也接近唯心(唯我、唯神)论。是唯心论者,而更多为自己着想。为自己身体的健在着想,长生不老的信行,大抵来自早衰与渐老的。老年更贪著财物,自觉年纪渐老了("人生不满百,常有千岁忧"),多为未来的生活着想,所以孔子说:老年"戒之在得"。印度"后期佛教"与"秘密大乘",非常契合于老年心态。唯心思想的大发展,是一。观自身是佛,进而在身体上修风、修脉、修明点,要在大欢喜中即身成佛,是二。后期的中观派、瑜伽行派,都有圆熟的严密思想体系,知识经验丰富,是三。我在这样的抉择下,推重人间的佛陀,人间的佛教。我初学佛法——三论与唯识,就感到与现实佛教界的距离。存在于内心的问题,经虚大师思想的启发,终于在"佛出人间,终不在天上成佛也"而得到新的启发。我不是宗派徒裔(也不想做祖师),不是讲经论的法师,也不是为考证而考证、为研究而研究的学者。我只是本着从教典得来的一项信念,"为佛法而学","为佛教而学",希望条理出不违佛法本义,又能适应现代人心的正道,为佛法的久住世间而尽一分佛弟子的责任!

我早期的作品,多数是讲记,晚年才都是写出的。讲的写的,只是为了从教典自身,探求适应现代的佛法,也就是脱落鬼化、神(天)化,回到佛法本义,现实人间的佛法。我明确地讨论人间佛教,一九五一年曾讲了:《人间佛教绪言》、《从依机设教来说明人间佛教》、《人性》、《人间佛教要略》。在预想中,这只是序论而已。这里略述《人间佛教要略》的含义。一、"论题核心",是"人,菩萨,佛——从人而发心修菩萨行,由学菩萨行圆满而成佛"。从人而发菩萨心,应该认清自己是"具烦恼身"(久修再来者例外),不可装腔作势,眩惑神奇。要"悲心增上",人而进修菩萨行的,正信正见以外,一定要力行十善利他事业,以护法利生。二、"理论原则"是:"法与律合一"。"导之以法,齐之以律",是"佛法"化世的根本原则。重法而轻律,即使心在入世利他,也只是个人自由主义者。"缘起与空性的统一":这是"缘起甚深"与"涅槃甚深"的统一,是大乘法,尤其是龙树论的特色。"自利与利他的统一":发心利他,不应忽略自己身心的净化,否则"未能自度,焉能度人"?所以为了要利益众生,一定要广学一切,净化身心(如发愿服务人群,而在学校中努力学习一样);广学一切,只是为了利益众生。不为自己利益着想,以悲心而学而行,那所作世间的正业,就是菩萨行。三、"时代倾向":现在是"青年时代",少壮的青年渐演化为社会中心,所以要重视青年的佛教。这不是说老人不能学菩萨行,而是说应该重视少壮的归信。适应少壮的佛教,必然地重于利他。人菩萨行的大乘法,是适应少壮唯一契机的法门。现在是"处世时代":佛教本来是在人间的,佛与弟子,经常地"游化人间"。就是住在山林,为了乞食,每天都要进入村落城邑,与人相接触而随缘弘化。修菩萨行的,应该做利益人类的事业,传播法音,在不离世事、不离众生的原则下,净化自己,觉悟自己。现在是"集体(组织)时代":摩诃迦叶修头陀行,释尊曾劝他回僧伽中住;优波离想独处修行,释尊要他住在僧中;释尊自己是"佛在僧数"的。佛法是以集体生活来完成自己,正法久住的,与中国人所说的隐遁,是根本不同的。适应现代,不但出家的僧伽,要更合理(更合于佛意)化,在家弟子学修菩萨行的,也应以健全的组织来从事利他而自利(不是为个人谋取名位权利)。四、"修持心要":菩萨行应以信、智、悲为心要,依此而修有利于他的,一切都是菩萨行。我曾特地写了一篇《学佛三要》,三要是信愿(大乘是"愿菩提心")、慈悲、(依缘起而胜解空性的)智慧。"有信无智长愚痴,有智无信长邪见",如信与智增上而悲心不足,就是二乘;如信与慧不足,虽以慈悲心而广作利生善业,不免是"败坏菩萨"(修学菩萨而失败了)。所以在人间而修菩萨行的,此三德是不可偏废的!

八　解脱道与慈悲心行

虚大师提倡"人生佛教"(我进而称之为"人间佛教"),一九五一年以前,中国佛教界接受的程度是微小的;台湾佛教现在接受的程度高些。但传统的佛教界,可能会不愿探究,道听途说而引起反感;在少数赞同者,也可能忘却自己,而陷于外向的庸俗化。世间是缘起的,有相对性,副作用,不能免于抗拒或俗化的情形,但到底是越减少越好!

"人间佛教"是重于人菩萨行的,但对"立本于根本佛教之淳朴",或者会觉得离奇的。一般称根本佛教为小乘,想像为(出家的)隐遁独善,缺少慈悲心的,怎么能作为"人间佛教"——人菩萨行的根本?不知佛法本来无所谓大小,大乘与小乘,是在佛教发展中形成的;"小乘"是指责对方的名词。释尊宏传的佛法,适应当时的社会风尚,以出家(沙门)弟子为重心,但也有在家弟子。出家与在家弟子,都是修解脱行的,以解脱为终极目标。解脱行,是以正确的见解,而引发正确的信愿(正思惟——正志)。依身语的正常行为、正常的经济生活为基,而进修以念得定,引发正慧(般若、觉),才能实现解脱。八正道的修行中,正命是在家、出家不同的。出家的以乞求信施而生活,三衣、钵、坐卧具及少许日用品外,是不许私有经济的。在家的经济生活,只要是国法所许可的,佛法所赞同的,都是正当的职业,依此而过着合理的经济生活。出家的可说是一无所有,财施是不可能的。出家人一方面自己修行,一方面"游化人间"(除雨季),每天与一般人相见,随缘以佛法化导他们。佛法否定当时社会的阶级制,否定求神能免罪得福,否定火供——护摩,不作占卜、瞻相、咒术等邪命,而以"知善恶,知因果,知业报,知凡圣"来教化世人。人(人类也这样)的前途,要自己来决定:前途的光明,要从自己的正见(正确思想)、正语、正业、正命——正当的行为中得来;解脱也是这样,是如实修行所得到的,释尊是老师(所以称为"本师")那样,教导我们而已。所以出家弟子众,是以慈和严肃、朴质清净的形象,经常地出现于人间,负起启发、激励人心,向上向解脱的义务,称为"法施"(依现代说,是广义的社会教育)。在家弟子也要有正见、正行,也有为人说法的,如质多长者。在家众多修财物的施予,有悲田,那是慈济事业;有敬田,如供养父母、尊长、三宝;有"种植园果故,林树荫清凉(这是印度炎热的好地方),桥船以济度,造作福德舍,穿井供渴乏,客舍供行旅"的,那是公共福利事业了。佛教有在家出家——四众弟子,而我国一般人,总以为佛教就是出家,误解出世为脱离人间。不知"出世"是超胜世间,不是隐遁,也不是想远走他方。佛制比丘"常乞食",不许在山林中过隐遁的生活,所以我在《佛在人间》中,揭示了(子题)"出家,更接近了人间",这不是局限于家庭本位者所能理解的。

人间佛教的人菩萨行,以释尊时代的佛法为本,在以原始佛教为小乘的一般人,也许会觉得离奇的。然佛法的究竟理想是解脱,而解脱心与利他的心行,是并不相碍的。虽受时代的局限,不能充分表达佛的本怀,但决不能说只论解脱,而没有慈悲利他的。举例说:佛的在家弟子须达多,好善乐施,被称为给孤独长者。梨师达多弟兄,也是这样。摩诃男为了保全同族,愿意牺牲自己的生命。这几位都是证圣果的,能说修解脱道的没有道德意识吗?佛世的出家比丘,身无长物,当然不可能作物质的布施,然如富楼那的甘冒生命的危险,去教化粗犷的边民,能说没有忘我为人的悲心吗?比丘们为心解脱而精进修行,但每日去乞食,随缘说法。为什么要说法?经中曾不止一次地说到。如释尊某次去乞食,那位耕田婆罗门讥嫌释尊不种田(近于中国理学先生的观点,出家人是不劳而食)。释尊对他说:我也种田,为说以种田为譬喻的佛法。耕田婆罗门听了,大为感动,要供养丰盛的饮食,释尊不接受,因为为人说法,是出于对人的关怀,希望别人能向善、向上、向解脱,而不是自己要得到什么(物质的利益)。解脱的心行,决不是没有慈悲心行的。释尊灭后,佛教在发展中,有的被称为小乘,虽是大乘行者故意的贬抑,有些也确乎远离了佛法的本意。如佛世的质多长者,与比丘大德们论到四种三昧(或作"解脱")——无量三昧,空三昧,无所有三昧,无相三昧。无量三昧是慈、悲、喜、舍——四无量心。慈是给人喜乐,悲是解除人的苦恼,喜是见人离苦得乐而欢喜,舍是怨亲平等:慈悲等是世间所说的道德意识了。但在离私我、离染爱——空于贪、嗔、痴来说,无量与空、无所有、无相三昧的智证解脱,却是一致的,这是解脱心与道德心的不二。但在(小乘)佛教中,无量三昧被解说为世俗的,也就是不能以此得解脱的。又如戒,在律师们的心目中,是不可这样,不可那样,纯属法律的、制度的。有的不知"毗尼是世界中实",不知时地的适应,拘泥固执些烦琐事项,自以为这是持戒。然三学中戒[尸罗]的本义并不如此,如说:"尸罗(此言性善)。好行善道,不自放逸,是名尸罗。或受戒行善,或不受戒行善,皆名尸罗";"十善道为旧戒。……十善,有佛(出世)无佛(时)常有"(《大智度论》卷一三、四六)。尸罗,古人一向译作"戒",其实是"好行善道,不自放逸",也就是乐于为善,而又谨慎地防护(自己)恶行的德行。这是人类生而就有的,又因不断为善(离恶)而力量增强,所以解说为"性善",或解说为"数习"。尸罗是人与人间的道德(狭义是"私德")轨范,十善是印度一般的善行项目,所以不只是佛弟子所有,也是神教徒、没有宗教信仰者所有的。尸罗,是不一定受戒(一条一条的"学处",古人也译为戒)的,也是可以受的。受戒,本是自觉的,出于理性,出于同情,觉得应该这样的。如十善之一——不杀生,经上这样说:"断杀生,离杀生,弃刀杖,惭愧,慈悲,利益安乐一切众生。"(《增支部》"十集")"若有欲杀

我者,我不喜;我若所不喜,他亦如是,云何杀彼? 作是觉已,受
不杀生,不乐杀生。"(《杂阿含经》卷三七) 不杀生,是"以己度
他情"的。我不愿意被杀害,他人也是这样,那我怎么可以去杀
他! 所以不杀生,内心中含有惭愧——"崇重贤善,轻拒暴恶"
的心理;有慈悲——"利益众生,哀愍众生"的心理(依佛法说:
心是复杂心所的综合活动)。不杀生,当然是有因果的,但决不
是一般所说的那样,杀了有多少罪,要堕什么地狱,杀不得才不
杀生,出于功利的想法。不杀生(其他的例同),实是人类在(缘
起的)自他依存中,(自觉或不自觉地)感觉到自他相同,而引发
对他的关怀与同情,而决定不杀生的。释尊最初的教化,并没有
一条条的戒——学处,只说"正语,正业,正命";"身清净,语清
净,意清净,命清净"。一条一条的戒,是由于僧伽的组合,为了
维护僧伽的和、乐、清净而次第制立的。制戒时,佛也每斥责违
犯者没有慈心。可见(在僧伽中)制定的戒行(重于私德),也还
是以慈心为本的。我曾写有《慈悲为佛法宗本》、《一般道德与
佛化道德》,可以参阅。总之,佛说尸罗的十善行,是以慈心为
本的;财与法的布施;慈、悲、喜、舍三昧的修习,达到遍一切众生
而起,所以名为无量,与儒者的仁心普洽,浩然之气充塞于天地
之间相近。但这还是世间的、共一般的道德,伟大的而不是究竟
的;伟大而究竟的无量三昧,要通过无我的解脱道,才能有忘我
为人的最高道德。

"初期大乘"是菩萨道。菩萨道的开展,来自释尊的本生
谈;"知灭而不证"(等于无生忍的不证实际)的持行者,可说是
给以最有力的动力。菩萨六度、四摄的大行,是在"一切法不

生",",一切法空",",以无所得为方便"(空慧）而进行的。不离
"佛法"的解脱道——般若,只是悲心要强些,多为众生着想,不
急求速证而已。

九　人菩萨行的真实形象

修学人间佛教——人菩萨行,以三心为基本,三心是大乘信
愿——菩提心,大悲心,空性见。一、发（愿）菩提心:扼要地说,
是以佛为理想、为目标,立下自己要成佛的大志愿。发大菩提
心,先要信解佛陀的崇高伟大:智慧的深彻（智德）,悲心的广大
（悲德）,心地的究竟清净（断德）,超胜一切人天,阿罗汉也不及
佛的圆满。这不要凭传说,凭想像,最好从释迦牟尼佛的一代化
迹中,理解而深信佛功德的伟大而引发大心。现实世间的众生,
多苦多难,世间法的相对改善当然是好事,但不能彻底地解决。
深信佛法有彻底解脱的正道,所以志愿修菩萨行成佛,以净化世
间,解脱众生的苦恼。依此而发起上求佛道、下化众生的愿菩提
心,但初学者不免"犹如轻毛,随风东西",所以要修习菩提心,
志愿坚定,以达到不退菩提心。二、大悲心,是菩萨行的根本。
慈能予人安乐,悲能除人苦恼,为什么只说大悲心为本? 佛法到
底是以解脱众生生死苦迫为最高理想的,其次才是相对的救苦。
悲心,要从人类、众生的相互依存,到自他平等、自他体空去理解
修习的。如什么都以自己为主,为自己利益着想,那即使做些慈
善事业,也不能说是菩萨行的。三、空性见,空性是缘起的空性。
初学,应于缘起得世间正见:知有善恶,有因果,有业报,有凡圣。

进一步,知道世间一切是缘起的,生死是缘起的生死。有因有缘而生死苦集(起),有因有缘而生死苦灭。一切依缘起,缘起是有相对性的,所以是无[非]常——不可能常住的。缘起无常,所以是苦——不安稳而永不彻底的。这样的无常故苦,所以没有我[自在、自性],没有我也就没有我所,无我我所就是空。空、无愿、无相——三解脱门:观无我我所名空,观无常苦名无愿,观涅槃名无相。其实,生死解脱的涅槃,是超越的,没有相,也不能说是无相。大乘显示涅槃甚深,称之为空(性)、无相、无愿、真如、法界等。因无我我所而契入,假名为空,空(相)也是不可得的。在大乘《空相应经》中,缘起即空性,空性即缘起,空性是真如等异名,不能解说为"无"的。这是依"缘起甚深"而通达"涅槃(寂灭)甚深"了。在菩萨行中,无我我所空,正知缘起而不著相,是极重要的。没有"无所得为方便",处处取著,怎么能成就菩萨的大行! 这三者是修菩萨行所必要的,悲心更为重要! 如缺乏悲心,什么法门都与成佛的因行无关的。《曲肱斋丛书》说到:西藏一位修无上瑜伽的大威德法门,得到了大成就,应该是成佛不远了吧! 大威德明王是忿怒相,这位修大威德而得大成就的,流露出凶暴残酷的神情,见他的都惊慌失措,有的竟被他吓死了! 这位大成就者原来没有修慈悲心。可见没有慈悲心,古德传来的什么高明修法,都不属于成佛因行的。菩提心、大悲心、空性见——三者是修菩萨行所必备的,切勿高推圣境,要从切近处学习起! 我曾写有《菩提心的修习次第》、《慈悲为佛法宗本》、《自利与利他》、《慧学概说》等短篇。

依三心而修行,一切都是菩萨行。初修菩萨行的,经说"十善菩萨发大心"。十善是：不杀生、不不与取［偷盗］、不邪淫（出家的是"不淫"），这三善是正常合理的身行；不妄语、不两舌、不恶口、不绮语，这四善是正常合理的语（言文字）行；不贪、不嗔、不邪见，这三善是正常合理的意行。这里的不贪，是不贪著财利、名闻、权力；不嗔就是慈（悲）心；不邪见是知善恶业报，信三宝功德；知道前途的光明——解脱、成佛，都从自己的修集善行中来，不会迷妄地求神力等救护。这十善，如依三心而修，就是"十善菩萨"行了。或者觉得：这是重于私德的，没有为人类谋幸福的积极态度，这是误会了！佛法是宗教的，不重视自己身心的净化，那是自救不了，焉能度人！经上说："未能自度先度他，菩萨于此初发心。"怎样的先度他呢？如有福国利民的抱负，自己却没有学识，或生活糜烂，或一意孤行，他能达成伟大的抱负吗？所以菩萨发心，当然以"利他为先"，这是崇高的理想；要达成利他目的，不能不净化自己身心。这就是理想要高，而实行要从切近处做起。菩萨在坚定菩提、长养慈悲心、胜解缘起空性的正见中，净化身心，日渐进步。这不是说要自己解脱了，成了大菩萨，成了佛再来利他，而是在自身的进修中，"随分随力"地从事利他，不断进修，自身的福德、智慧渐大，利他的力量也越大，这是初学菩萨行者应有的认识。

修人菩萨行的人间佛教，"佛法"与"初期大乘"有良好的启示。如维摩诘长者，六度利益众生外，从事"治生"，是从事实业；"入治政法"，是从事政治；在"讲论处"宣讲正法，在"学堂（学校）诱开童蒙"，那是从事教育了。"淫坊"、"酒肆"也去，那是"示欲之过"，"能立其志（不乱）"。普入社会，使别人向善、向上，引发菩提心，这是一位在家大菩萨的形象。善财童子的参访善知识，表示了另一意义。善财所参访的善知识，初三位是出家的比丘；开示的法门，是（系）念佛、观法、处众［僧］，正确的信解三宝，是修学佛法的前提。其他的善知识，比丘、比丘尼以外，有语言学者、艺术工作者、建筑的数学家、医师、国王、鬻香师、航海者、法官。总之，出家菩萨以外，在家菩萨是普入各阶层的；也有深入外道，以外道身份而教化外道入佛法的。善知识（后来又加了一些鬼神）们的诱化方便，都是以自己所知所行来教人，所以形成了"同愿同行"的一群；也就是从不同事业，摄化有关的人，同向于成佛的大道（我依此而写有《青年的佛教》）。以自己所作而教人的，《阿含经》已这样说：如修行十善，那就"自作"，"教他作"，"赞叹（他人）作"，"见（他人）作（而心生）随喜"，就是自利利人了。这是弘扬佛法的善巧方便！试想：修学佛法（如十善）的佛弟子，在家庭中能尽到对家庭应尽的义务，使家庭更和谐更美好，能得到家庭成员的好感，一定能诱导而成为纯正的佛化家庭。在社会上，不论是田间、商店、工厂……都有同一事务的人；如学佛者能成为同事中的优良工作者，知识与能力以外，更重要的是德性，不只为自己，更能关怀他人，有布施、爱语、利行、同事的表现，那一定能引化有缘的同事，归向佛道的。又如做医师的，为病人服务，治疗身病、心病，更为病人说到身心苦恼根源的烦恼病，根治烦恼病的佛道，从自己所知所行而引人学菩萨行，正是善财参访各善知识利他的最理想的方法！

　　从"初期大乘"时代到现在，从印度到中国，时地的差距太大。现代的人间佛教，自利利他，当然会有更多的佛事。利他的

菩萨行,不出于慧与福。慧行,是使人从理解佛法,得到内心的
净化;福行,是使人从事行中得到利益(两者也互相关涉)。以
慧行来说,说法以外,如日报、杂志的编发,佛书的流通,广播、电
视的弘法;佛学院与佛学研究所、佛教大学的创办;利用寒暑假,
而作不同层次(儿童、青年⋯⋯)的集体进修活动;佛教学术界
的联系⋯⋯重点在介绍佛法,祛除一般对佛法的误解,使人正确
理解,而有利于佛法的深入人心。以福行来说,如贫穷、疾病、伤
残、孤老、急难等社会福利事业的推行;家庭、工作不和协而苦
痛,社会不同阶层的冲突而混乱,佛弟子应以超然关切的立场,
使大家在和谐欢乐中进步。凡不违反佛法的,一切都是好事。
但从事于或慧或福的利他菩萨行,先应要求自身在佛法中的充
实,以三心而行十善为基础。否则,弘化也好,慈济也好,上也者
只是世间的善行,佛法(与世学混淆)的真义越来越稀薄了!下
也者是"泥菩萨过河"(不见了),引起佛教的不良副作用。总
之,菩萨发心利他,要站稳自己的脚跟才得!

一〇　向正确的目标迈进

　　人菩萨行——人间佛教的开展,是适合现代的,但也可能引
起副作用。我以为,佛法有不共一般神教的特性,是应该确认肯
定的。记得二十年前,有人问我:为什么泰、锡等(小乘)佛教
区,异教徒不容易发展,而大乘佛教徒却容易改信异教? 我当时
只叹息而无辞以对。这应该与佛法的宽容特性有关,但释尊的
原始佛法,宽容是有原则的。如不否认印度的群神,而人间胜过

天上，出家众是不会礼拜群神的，反而为天神所礼敬；"佛法"是彻底否弃了占卜、咒术、护摩、祈求——印度神教（也是一般低级）的宗教行仪。大乘佛教的无限宽容性（印度佛教老化的主因），发展到一切都是方便，终于天佛不二。中国佛教的理论，真是圆融深妙极了，但如应用到现实，那会出现怎样情形？近代太虚大师，是特长于融会贯通的！一九四一年发起组织"太虚大师学生会"，会员的资格是：返俗的也好，加入异教的也好，"去陕北"的也好。在大师的意境中，"夜叉、罗刹亦有其用处"（《太虚大师年谱》）。后来，学生会没有进行。会员这样的杂滥不纯，如真的进行组织活动，夜叉、罗刹（如黑社会一样）会对佛教引起怎样的负面作用？大乘佛教的宽容性，在有利于大乘流通的要求下，种种"方便"渐渐融摄进来，终于到达"天佛一如"的境界。我不反对方便，方便是不可能没有的，但方便有时空的适应性，也应有初期大乘"正直舍方便"的精神。如虚大师在《我怎样判摄一切佛法》中说："到了这时候，……依天乘行果（天国土的净土，天色身的密宗），是要被谤为迷信神权的，不惟不是方便，而反成为障碍了！"虚大师长于圆融，而能放下方便，突显适应现代的"人生佛教"，可说是稀有稀有！但对读者，大师心目中的"人生佛教"，总不免为圆融所累！现在的台湾，"人生佛教"、"人间佛教"、"人乘佛教"，似乎渐渐兴起来，但适应时代方便的多，契合佛法如实的少，本质上还是"天佛一如"。"人间"、"人生"、"人乘"的宣扬者，不也有人提倡"显密圆融"吗？如对佛法没有见地，以搞活动为目的，那是庸俗化而已，这里不必多说。重要的，有的以为"佛法"是解脱道，道德意识等于还在萌芽;道德意识是菩萨道,又觉得与解脱心不能合一,这是漠视般若与大悲相应的经说。有不用佛教术语来宏扬佛法的构想,这一发展的倾向,似乎有一定思想,而表现出来,却又是一切神道教都是无碍的共存,还是无所不可的圆融者。有的提倡"人间佛教",而对佛法与异教(佛与神),表现出宽容而可以相通的态度。一般的发展倾向,近于印度晚期佛教的"天佛一如",中国晚期佛教"三教同源"的现代化。为达成个己的意愿,或许是可能成功的,但对佛法的纯正化、现代化,不一定有前途,反而有引起印度佛教末后一着(为神教侵蚀而消灭)的隐忧。真正的人菩萨行,要认清佛法不共世间的特性,而"适应今时今地今人的实际需要",如虚大师的《从巴利语系佛教说到今菩萨行》所说(以锡兰等佛教为小乘,虚大师还是承习传统,现在应作进一步的探求)。

　　以成佛为理想,修慈悲利他的菩萨道,到底要经历多少时间才能成佛,这是一般所要论到的问题。或说三大阿僧祇劫,或说四大阿僧祇劫,或说七大阿僧祇劫,或说无量阿僧祇劫;或说一生取办,即生成佛等,可说众说纷纭,莫衷一是。人心是矛盾的,说容易成佛,会觉得佛菩萨的不够伟大;如说久劫修成呢,又觉得太难,不敢发心修学,所以经中要说些随机的方便。其实菩萨真正发大心的,是不会计较这些的,只知道理想要崇高,行践要从平实处做起。"随分随力",尽力而行。修行渐深渐广,那就在"因果必然"的深信中,只知耕耘,不问收获,功到自然成就的。如悲愿深而得无生忍,那就体悟不落时空数量的涅槃甚深,还说什么久成、速成呢? 印度佛教早期的论师,以有限量心论菩萨道,所以为龙树所呵责:"佛言无量阿僧祇劫作功德,欲度众生,何以故言三阿僧祇劫? 三阿僧祇劫有量有限!"(《大智度论》卷四)"大乘佛法"后期,又都觉得太久了,所以有速疾成佛说。太虚大师曾提出《本人在佛法中之意趣》,说到:"甲、非研究佛书之学者","乙、不为专承一宗之徒裔","丙、无求即时成佛之贪心","丁、为学菩萨发心而修学者。……愿以凡夫之身,学菩萨发心修行,即是本人意趣之所在"(《优婆塞戒经讲录》)。想即生成佛,急到连菩萨行也不要了,真是颠倒! 虚大师在佛法中的意趣,可说是人间佛教、人菩萨行的最佳指南!

　　人间佛教的人菩萨行,不但是契机的,也是纯正的菩萨正常道。下面引一段旧作的《自利与利他》;"不忍圣教衰,不忍众生苦"的大心佛弟子,依菩萨正常道而坦然直进吧!

　　　　要长在生死中修菩萨行,自然要在生死中学习,要有一套长在生死而能普利众生的本领。……菩萨这套长在生死而能广利众生的本领,除坚定信愿(菩提心)、长养慈悲而外,主要的是胜解空性。观一切法如幻如化,了无自性,得二谛无碍的正见,是最主要的一着。所以(《杂阿含》)经上说:"若有于世间,正见增上者,虽历百千生,终不堕地狱。"惟有了达得生死与涅槃,都是如幻如化的,这才能……在生死中浮沉,因信愿(菩提心)、慈悲,特别是空胜解力,能逐渐地调伏烦恼,能做到烦恼虽小小现起而不会闯大乱子。不断烦恼(嗔、忿、恨、恼、嫉、害等,与慈悲相违反的,一定要伏除不起),也不致作出重大恶业。时时以众生的苦痛为苦痛,众生的利乐为利乐;我见一天天地薄劣,慈悲一天天地深厚,怕什么堕落! 惟有专为自己打算的,才随时有堕落的忧虑。发愿在生死中,常得见佛,常得闻法,世世常行菩萨道,这是初期大乘的共义,也是中观与瑜伽的共义。释尊在(《中阿含》)经中说:"阿难! 我多行空。"《瑜伽师地论》解说为:"世尊于昔修习菩萨行位,多修空住,故能速证阿耨多罗三藐三菩提。"……大乘经的多明一切法空,即是不住生死,不住涅槃,修菩萨行成佛的大方便!

末了,我再度表明自己:我对佛法作多方面的探求,写了一些,也讲了一些,但我不是宗派徒裔,也不是论师。我不希望博学多闻成一佛学者;也不想开一佛法百货公司,你要什么,我就给你什么(这是大菩萨模样)。我是继承太虚大师的思想路线(非"鬼化"的人生佛教),而想进一步地(非"天化"的)给以理论的证明。从印度佛教思想的演变过程中,探求契理契机的法门;也就是扬弃印度佛教史上衰老而濒临灭亡的佛教,而赞扬印度佛教的少壮时代,这是适应现代,更能适应未来进步时代的佛法! 现在,我的身体衰老了,而我的心却永远不离(佛教)少壮时代佛法的喜悦! 愿生生世世在这苦难的人间,为人间的正觉之音而献身!

（录自《华雨集》四,1—70 页,本版 1—46 页。）

二　有情——人类为本的佛法

一　佛法从有情说起

有情的定义

　　凡宗教和哲学,都有其根本的立场;认识了这个立场,即不难把握其思想的重心。佛法以有情为中心、为根本的,如不从有情着眼,而从宇宙或社会说起,从物质或精神说起,都不能把握佛法的真义。

　　梵语"萨埵",译为有情。情,古人解说为情爱或情识;有情爱或有情识的,即有精神活动者,与世俗所说的动物相近。萨埵为印度旧有名词,如数论师自性的三德——萨埵、剌阇、答摩中,即有此萨埵。数论的三德,与中国的阴阳相似,可从多方面解说。如约心理说,萨埵是情;约动静说,萨埵是动;约明暗说,萨埵是光明。由此,可见萨埵是象征情感、光明、活动的。约此以说有精神活动的有情,即热情奔放而为生命之流者。《般若经》说萨埵为"大心"、"快心"、"勇心"、"如金刚心",也是说他是强有力的坚决不断的努力者。小如蝼蚁,大至人类,以及一切有情,都时刻在情本的生命狂流中。有情以此情爱或情识为本,由于冲动的非理性,以及对于环境与自我的爱好,故不容易解脱系缚而实现无累的自在。

有情为问题的根本

世间的一切学术——教育、经济、政治、法律,及科学的声光电化,无一不与有情相关,无一不为有情而出现人间,无一不是对有情的存在。如离开有情,一切就无从说起。所以世间问题虽多,根本为有情自身。也就因此,释尊单刀直入地从有情自体去观察,从此揭开人生的奥秘。

有情——人生是充满种种苦迫缺陷的。为了离苦得乐,发为种种活动、种种文化,解除它或改善它。苦事很多,佛法把它归纳为七苦;如从所对的环境说,可以分为三类:

生苦、老苦、病苦、死苦————对于身心的苦
爱别离苦、怨憎会苦————对于社会的苦
所求不得苦————————对于自然的苦

生、老、病、死,是有情对于身心演变而发生的痛苦。为了解免这些,世间有医药、卫生、体育、优生等学术事业。生等四苦,是人生大事,人人避免不了的事实。爱别离、怨憎会,是有情对于有情(人对社会)离合所生的。人是社会的,必然与人发生关系。如情感亲好的眷属朋友,要分别或死亡,即不免爱别离苦。如仇敌相见,怨恶共住,即发生怨憎会苦。这都是世间事实;政治、法律等也多是为此而创立的。所求不得苦,从有情对于物欲

的得失而发生。生在世间，衣食住行等资生物，没有固然苦痛，有了也常感困难，这是求不得苦。《义品》说："趣求诸欲人，常起于希望，所欲若不遂，恼坏如箭中。"这是求不得苦的解说。

还有说得更具体的，如《中含·苦阴经》说："随其技术以自存活，或作田业，……或奉事王。……作如是业求图钱财，……若不得钱财者，便生忧苦愁戚懊恼。……若得钱财者，彼便爱惜守护密藏。……亡失，彼便生忧苦愁戚懊恼。……以欲为本故，母共子诤，子共母诤，父子、兄弟、姊妹亲族展转共诤。……以欲为本故，王王共诤，梵志梵志共诤，居士居士共诤，民民共诤，国国共诤；彼因斗诤共相憎故，以种种器仗转相加害，或以拳叉、石掷，或以杖打、刀斫。"为了解决这些，世间提倡增加生产、革新经济制度等，但世间的一切学理、制度，技术，虽能解除少分，而终究是不能彻底的。如世界能得合理的和平，关于资生的物资，可能部分解决。但有情的个性不同，体格、兴趣、知识等不同，爱别、怨会等苦是难于解免的。至于生死等苦，更谈不上解决。一般人但能俯首忍受，或者装作不成问题。世间离苦得乐的方法，每每是旧问题还没解决，新问题又层出不穷，总是扶得东来西又倒！这是由于枝末的而不是根本的。如从根本论究起来，释尊总结七苦为："略说五蕴炽盛苦。"此即是说：有情的发生众苦，问题在于有情（五蕴为有情的蕴素）本身。有此五蕴，而五蕴又炽然如火，这所以苦海无边。要解除痛苦，必须对此五蕴和合的有情，给予合理的解脱才行。所以佛法对于生产的增加、政治的革新等，虽也认为确要，但根本而彻底的解脱，非着重于对有情自身的反省、体察不可。

进一步说：有情为了解决痛苦，所以不断地运用思想，思想本是为人类解决问题的。在种种思想中，穷究根本的思想理路，即是哲学。但世间的哲学，或从客观存在的立场出发，客观的存在，对于他们是毫无疑问的。如印度的顺世论者，以世界甚至精神都是地水火风四大所组成；又如中国的五行说等。他们都忽略本身，直从外界去把握真实。这一倾向的结果，不是落于唯物论，即落于神秘的客观实在论。另一些人，重视内心，以此为一切的根本；或重视认识，想从认识问题的解决中去把握真理。这种倾向，即会产生唯心论及认识论。依佛法，离此二边说中道，直从有情的体认出发，到达对于有情的存在。有情自体，是物质与精神的缘成体。外界与内心的活动，一切要从有情的存在中去把握。以有情为本，外界与内心的活动，才能确定其存在与意义。

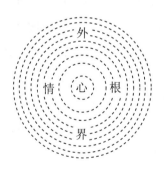

有情为物质与精神的和合，所以佛法不偏于物质，也不应偏于精神；不从形而上学或认识论出发，而应以现实经验的有情为本。佛法以为一切是为有情而存在，应首先对于有情为彻底的体认，观察他来自何处，去向何方？ 有情到底是什么？ 他的特性与活动的形态又如何？ 不但体认有情是什么，还要从体认中知道应该如何建立正确的人生观。

　　探究人生意义而到达深处,即是宗教。世界的宗教,各种各样的,含义也大有出入。但有一共同点,即人类苦于外来——自然、社会以及自己身心的层层压制,又不能不依赖他、爱好他;感到自己的缺陷、渺小,而又自信自尊,想超越他、制用他。有情在这样的活动中,从依赖感与超越感,露出有情的意向,成为理想的归依者。宗教于人生,从过去到现在,都是很重要的。不过一般的宗教,无论是自然宗教、社会宗教、自我宗教,都偏于依赖感。自己意向客观化,与所依赖者为幻想的统一,成为外在的神。因此有人说,宗教是必然有神的。他们每以为人有从神分出的质素,这即是我们的自我、心或灵魂。如基督教说:人的灵是从上帝那里来的。中国也说:天命之谓性。藉此一点性灵,即可与神接近或合一。他们又说:人的缺陷罪恶,是无法补救的,惟有依赖神,以虔诚的信仰,接受神的恩赐,才有希望。所以一般宗教,在有情以外,幻想自然的精神的神,作为自己的归依处,想依赖他而得超脱现实的苦迫。这样的宗教,是幻想的、他力的。佛教就不然,是宗教,又是无神论。佛说:有情的一切,由有情的思想行为而决定。佛教的归依向上、向究竟,即凭有情自己合法则的思想与行为,从契合一切法的因果事理中,净化自己,圆成自己。所以归依法,即以因果事理的真相为依归。归依佛与归依僧,佛与僧即人类契合真理——法而完成自己的觉者;归依即对于觉者的景仰,并非依赖外在的神。佛法是自力的,从自己的信仰、智慧、行为中,达到人生的圆成。佛法与一般宗教的不同,即否定外在的神,重视自力的净化,这所以非从有情自己说起不可。

二　莫辜负此人身

人在有情界的地位

有精神作用的一切有情,佛经分为五趣——天、人、畜生、饿鬼、地狱。此五类,即世间的存在者,有高级的,有低级的。在我们所住的世间,有人、有畜生、也有鬼。畜生,如空中的飞鸟,水中的鱼龙,地上的走兽。有无足的,两足的,四足的,多足的;有一栖的,两栖的,三栖的种种。也称为傍生,即一切禽兽、虫鱼的总称。鬼,常人虽不易见到,但是住在此世间的。人类对于鬼的确信,或由于梦见死亡的眷属,或由于疫病及病人的所见所闻,或由于跳神扶乩等神秘现象。其中最主要的,为见到死亡者的孤苦饥渴,如《易》所说的"游魂为变"。这虽有无财、少财、多财——如血食之神的差别,从饥渴苦迫得名,常称之为饿鬼。传说唯有生在饿鬼中,才会享受儿孙的祭祀。这是有情的一类,与中国"人死为鬼"的思想不同。比人高一级的是天,天中也有高级与低级的。低级的天,是鬼、畜中有大福报者,如四王天中的毗楼博叉,是龙王,是畜生;毗沙门是夜叉,是鬼。四王天以上的帝释天,才是人身的;但为帝释守卫的,也还是鬼、畜之类。比人间低一级的,是地狱。地狱为各宗教所共同承认的。佛经说主要是八热地狱,基督教也说地狱中是火。佛经与《旧约》都有"现身入地狱"的记事:大地裂开,人为从地涌出的火焰所笼罩,坠入地心。地狱在地下,即地球中心,地心确是火热的。经上又

说有八寒地狱,或与南北极有关。总之,是比人间更苦的,有从人身也有从鬼畜而下堕的。五趣有情的高下分布,是这样:

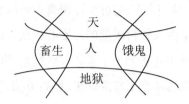

依此图,可知人在五趣中,位居中央。上有快乐的天堂,下是极苦的地狱;两旁是畜生与饿鬼,虽在此人间,但远不及人类。五趣各是有情的一类,而人为五趣的中心,为有情上升下堕的机纽。此人本的有情观,与中国一般的鬼本论非常不同。

人类的特胜

五趣中,平常以为天上最好,地狱最苦,这是一般宗教的传统见识。怕堕地狱,求生天国,是他们共同的要求。佛法独到的见地,却以为人间最好。这因为一切有情中,地狱有寒热苦,几乎有苦无乐;畜生有残杀苦,饿鬼有饥渴苦,也是苦多于乐;天上的享受虽比人类好,但只是庸俗的、自私的,那种物质欲乐、精神定乐的陶醉,结果是堕落。所以人间最好,经中常说"人身难得"的名言。《增含·等见品》说:某"天"五衰相现——将死时,有"天"劝他说:你应求生善趣的人间。人间有什么值得诸天崇仰呢?经上接着说:"诸佛世尊皆出人间,非由天而得也。"这即是说:诸佛皆在人间成佛,所以人为天的善趣,值得天神的仰慕。

成佛,是体悟真理,实现自由。佛陀说法,即是宣扬此真理与自由之光。真理与自由,是天国所没有的,有的只是物欲与定乐。诸天是享乐主义者，不能警觉世间的苦难，不能策发向上，所以惟有堕落，不能获得真理与自由。释尊曾说："我今亦是人数。"(《增含·四意断品》)这可见体现真理而解脱成佛，不是什么神鬼或天使，是由人修行成就的。惟有生在人间，才能禀受佛法，体悟真理而得正觉的自在，这是《阿含经》的深义。我们如不但为了追求五欲，还有更高的理想，提高道德，发展智慧，完成自由，那就惟有在人间才有可能，所以说"人身难得"。

佛陀何以必须出在人间？人间有什么特胜？这可以分为四点来说：一、环境：天上太乐，畜生、饿鬼、地狱——三途太苦。太乐了容易堕落，太苦了也无力追求真理与自由。人间也有近于这两边的形态：如生活宽裕、遗产丰富的，由于物质的过分享受，穷奢极欲，每每汩没自己，弄到堕落而后已。反之，太贫苦了，由于生活的逼迫，为衣食等所苦，或作杀盗等恶业，少有机会能从事学问，追求真理与自由。苦乐均调的人间，尚有此种现象，何况极乐的天堂、极苦的地狱！经上说：帝释天为了佛法，特来世间禀受，但他在享受五欲时，竟然完全忘记了。太乐太苦，均不易受行佛法，唯有苦乐参半的人间，知苦而能厌苦，有时间去考虑参究，才是体悟真理与实现自由的道场。二、惭愧：《增含·惭愧品》说："以其世间有此二法，……不与六畜共同。"这是人畜的差别处。人趣有惭愧心，惭愧是自顾不足，要求改善的向上心；依于尊重真理——法，尊重自己，尊重世间的法制公意，向"轻拒暴恶"、"崇重贤善"而前进。这是道德的向上心，能息除烦恼众恶的动力，为人类所以为人的特色之一。三、智慧：三恶趣是缺少智慧的，都依赖生得的本能而动作。人却能从经验的记忆中,启发抉择、量度等慧力,能设法解决问题。不但有世俗智,相对地改善环境、身心,而且有更高的智慧,探求人生的秘奥,到达彻底的解脱。人间的环境,苦乐兼半,可以从经验中发挥出高尚的智慧。如不粗不细的石头,能磨出锋利的刀剑一样。

四、坚忍:我们这个世界,叫娑婆世界,娑婆即堪忍的意思。这世间的人,能忍受极大的苦难,为了达到某一目的,牺牲在所不惜,非达到目的不可。这虽也可以应用于作恶,但如以佛法引导,使之趋向自利利他的善业,即可难行能行,难忍能忍,直达圆满至善的境地。这四者,环境是从人的环境说;后三者,是从人的特性说。《婆沙论》解说人为"止息意"、"忍"、"末奴沙"三义;《起世经》等说"勇猛"、"忆念"、"梵行"三事的胜于天上,与今所说的三者相同。

　　　惭愧——止息意——梵行胜

　　　智慧——末奴沙——忆念胜

　　　坚忍——忍————勇猛胜

　　这样,诸佛皆出人间成佛,开演教化,使人类同得正觉。佛法不属于三途,也不属于诸天,惟有人类才是佛法的住持者、修学者。人生如此优胜,难得生在人间,又遇到佛法,应怎样尽量发挥人的特长,依佛陀所开示的方法前进。在没有完成正觉的解脱以前,必须保持此优良的人身。若不能保持,因恶行而堕入三途,或受神教定乐所蒙惑,误向天趣——长寿天是八难之一,那可以说是辜负了人身,"如入宝山空手回"!

　　　　　(录自《佛法概论》,43—56页,本版29—37页。)

三　佛在人间

一　释尊小史

我们的大师释迦牟尼佛，在二千四五百年前的一个四月八日，诞生在中印度迦毗罗国的释迦族。父王叫净饭，是迦毗罗的国王。母后摩耶夫人，在东向拘利城归宁的途中，在她母亲的别墅岚毗尼园里，诞生了太子。这大喜的消息，立刻引起了大自然的狂欢：枝头的小鸟，唱起和平之曲；花朵也更妩媚了。充满生意的春风把这大喜的消息传遍了迦毗罗，传遍了恒河两岸，一直到全世界。此时、此地、此人，将永远成为人间的光荣，受着人们的歌赞与崇拜。

释尊不但生在高贵的王族，还生着端严的相貌，这在当时印度人的眼中，他无疑是未来人间的领导者，一切的利益，都要在他手上完成。因此，释尊幼时，就被称为"悉达多"。七八岁时，他开始入学，也曾学过军事；在竞婚时，曾表现了体力的优越。他在王宫甜蜜的物质享受中，滋长了一颗人生可痛、众生可悯的心灵。众生的自相残杀，身世的渺茫，这现实的苦痛警觉了他，使他不愿留恋这优美的王宫,不能漠视这惨酷的人间。二十五岁的一个晚上,他坚决地放弃了统治者的地位,离开了王宫、父王与心爱的嫔妃,成为一位一无所有的,真理与自由的追求者。出家以后,为了真理与自由,参访当时著名的宗教师,过了六年非常刻苦的生活。但事实证明,苦行是徒然的。于是乎他的生活开始转变,受牧女善生的乳糜;在尼连禅河洗净了七年来的积垢。到摩竭陀国的菩提伽耶,结跏趺坐,发出坚强的誓愿:“我今若不证,无上大菩提,宁可碎是身,终不起此座!”在四十九天中,运用智力、悲力、无限的精进力,从一切障碍中获得解放,彻底体悟了人生的真谛,成为人间的佛陀。释尊体悟的人生真谛,与实践的轨则——道,在祭祀生天与苦行解脱的印度时代思潮中,显然是格格不入。释尊曾慨叹地说:“我法甚深妙,无信云何解?”“我宁不说法,疾入于涅槃!”在“五十七日”的长期思考中,度着独善的生活。最后,决定创设一种适应时代文明,深入而浅出的宗教。但不单是适应,在这适应浅化的里面,显示出释尊的本怀。在波罗奈的施鹿林,开始为五比丘说法,推动了不共世俗的四谛法轮。法轮的精要,正像阿说示说的:“诸法从缘起,是法说缘生,诸法缘及尽,吾佛大师说。”此后,释尊从事真理的传布工作,组织僧团。到第六年,加入这和乐自由的僧团者,已有一千二百五十人。这样的教化,约有五十年之久,佛教传遍了恒河两岸。最后,释尊从摩竭陀到毗舍离,渐渐游行到拘尸那,受纯陀最后的供养,度最后弟子须跋陀罗。在双林间,为弟子作最后的教诲:“自今已后,我诸弟子展转行之,则是法身常在而不灭也!”八十岁的二月十五日的中夜,释尊入大般涅槃,结束了一代的教化。"世间眼灭一何疾"！释尊的入灭,将永远遗留在佛弟子内心的深处,悲怀恋慕,直到人间净土的完成!

二　佛陀的身命

佛教是理智的宗教,自然不能离却这人间的导师,转到玄秘的信仰。但是,单在种姓清净、相好圆满、出家、成佛、说法、入灭的形迹上建立信仰,也还不能算深刻正确。凡是纯正的佛弟子,必须把握佛陀的崇高伟大点,要窥见佛陀之所以为佛陀。唯有在这即人成佛的佛格上,才能奠定坚强的信念。在理智信仰的生命中,去为真理与自由而迈进,完成佛教出现世间的目的。

佛陀之所以为佛陀,就是佛陀的体性与生命。经上说:"见缘起即见法,见法即见佛",这是佛陀的法身。苦行沙门瞿昙,为什么被人称为佛陀? 这并不因他是王子出家,修苦行,或者说法,是因他体悟了人生的真谛——缘起正法。缘起的本质,是说:凡是存在,没有无因而自然的;没有常恒的、独立的;一切的一切,是关系的存在。因关系的和合而现在,因分离而转化。佛陀在定慧的实践中,观缘起的如幻而证悟缘起的寂灭。具有这样的正觉内容,才称为佛。那么,如果我们也能悟解这缘起的寂灭性,就接触到佛陀的本质,就能正确窥见佛陀之所以为佛陀。这是佛教的核心,有它的详细正确的内容,可不许你悬想。这里不妨说一个浅显的比喻:一个庞大的东西,把你我隔在两边。这个巨物，本是缘起的和合相，但我们都把它看成实在的。实在，才隔离了你我。假使你我的慧眼，比爱克司光更强，那就能透过这好像实在的巨物，显发它的真相。不但彼此慧眼的光芒，在这共同的对象上接触，融成不二；还能互相觌面相见。这就叫"心心相印"，"与十方三世诸佛同一鼻孔出气"。凡是佛弟子，能在听闻思惟中获得这缘起正法的正见，就是信解见佛。能在定慧的实践中通达，就是证悟见佛。从前释尊在世时，有一次广大的集会，大家都去见佛。须菩提在山边考虑，我也去见佛吗？佛说"见缘起即见佛"，我为什么不观察缘起呢？他观察一切从缘所生，都是无常演变；从无常的观察中，通达法性空，契入寂灭的圣境。当时释尊对一个最先见佛的弟子说：你以为先见我吗？不！须菩提先见我身。这是佛陀之所以为佛陀的一面。

经上说："解脱戒经，是汝大师。"又说："能供养僧，则供养我已。"这是佛陀的慧命，是佛陀生命的另一侧面。佛陀的存在，存在于佛教大众的集团中，有僧就有佛。这点，决定了佛陀的伟大，伟大到超越我人的意想以外。缘起法性，是宇宙人生的最高法则，那么我们的身心修养，自它共处，一切的一切，都不能违反这缘起法性。也就是说：世出世法不能打为两截，要在这一贯的法则中建立。佛教的本质，是平等而非阶级的，自由而非压制的，集团而非个人的。从佛陀的本质——正觉缘起的内容中，展为活跃无限止的生命，都表显在僧团，因僧团的存在而存在。僧团的组织，可说是法性具体的显现。因此，佛法的存在，并不以殿宇、塑像、经典来决定，在有无吻合佛陀本怀与法性的僧团。"佛法弘扬本在僧"的僧，不是伟大的个人，是一个推动佛教的和乐共存的自由集团,不是深山中一个一个的隐者。那家庭化、商业化的,更是"出佛身血",与佛无缘。

缘起性,是佛陀的法身;和合众,是佛陀的慧命。在佛陀之所以为佛陀中,佛弟子的整个身心,成为佛陀之一体。

三 释尊的故国之思

释尊是一位国际主义者,对军阀的争霸战,根本不表同情。"战胜增怨敌,战败卧不安,胜败两俱舍,卧觉寂静乐",这是佛陀对侵略者著名的教训。假使就此说佛陀漠视国家民族的被征服、被奴役、被残杀,那是非常错误的,这可以从释尊出家与国家的关系说起。

释尊的祖国迦毗罗,如何富庶,如何强盛,在佛教的传记中,显然是夸大的。事实上,当时的迦毗罗,早已沦为波斯匿王的憍萨罗国的附庸。有一回,波斯匿王向迦毗罗的释族索婚。大家虽觉得他非我族类,但又不敢得罪他;结果,乔装一个婢女,冒充释女去下嫁。我们只要想到齐景公的遣女入吴,汉唐的宗女和番,就可想见当时的情势了。那时的印度,是憍萨罗与摩竭陀争霸的时代。地势狭小而偏于北部的迦毗罗,在这两大军阀的争霸战中,处境的困难是可想而知。同时,释族本身又是那样的骄逸而没有自信,看他们在琉璃王兵临城下的时候,主战派最先受了制裁。还是和呢?守呢?经过一番辩论,终于开门迎敌,甘受敌人残酷的屠戮。这样的时代,这样的国家,未尝不是释尊摆脱了而别图解救的一个主要动机。

在释尊悲悯众生如一子的心境上，因种族的歧视，互相侵夺而陷国计民生于悲惨的境遇者，又不止一个迦毗罗，不止迦毗罗需要正义的救济吧！这使释尊痛心众生的自相残杀，而有别辟坦途的必要了！因此，释尊在倡导佛教的解脱论中，没有忽略世间。这是对的，正确的出世观，是必然地配合着世间的净化。释尊倡导种族平等论，以消泯种族间的歧视、对立，与非法的压迫。抨击侵略者的残杀，而鼓吹无净的和合。在另一方面，组织起大智大悲的自由集团，也就是社会性的自由族。和平共存的思想，多少给予当时纷争的印度以有效的救济。这一切活动，是从伦理实践的宗教出发，但他没有忽略人间，更没有忘记祖国。当毗琉璃进军迦毗罗的消息，传到这个为解脱的自由集团——释沙门团的时候，提议给予迦毗罗以实力的援助者，在传记上看来，是大有人在。虽然受了苦行厌离的时代思潮的限制，不能实现有力的援助，但释尊到底以大慈无畏的精神，在毗琉璃王的大军前出现。事实是这样：在毗琉璃王军队通过的大路边，释尊安闲地坐在一株没有枝叶荫蔽的舍夷树下。琉璃王听说释尊在此，便过来礼拜问讯。他不理解释尊独坐枯树下的用意，觉得有些希奇。释尊对他说：我现在是没有荫蔽的人了！琉璃王听到"亲族之荫，胜余人也"的慈训，大大感动，吩咐还军。传说在释种被灭的时期，释尊头痛了多日，这是怎样象征释尊的内心！在佛在人间的见地去考察，释尊虽然出家，他没有忘却国族，那一缕故国之思，依然是活跃着。释尊怎样在指导人间的佛弟子，应该怎样关切他国家民族的自由独立与生存。那些以为信佛出家，就可以不再闻问国家民族的存亡者，不论他如何谈修说证，无疑是我佛的叛徒!

四　出家更接近了人间

　　释尊的出家,不但常被外人,就是小乘学者,也常误会他是消极厌离。其实,释尊出家的主要动机,是不忍人世残酷的惨杀,不忍贫农的胼手胝足而不得温饱;这在《佛本行经》太子观耕(释尊最初发心)的故事中,可以明白看出。从释尊倡导的缘起正法来看,也明白如绘。"老病死忧悲苦恼"与"生",就是八苦。这不但是"老死",那人与人间、人与自然间种种的苦痛与缺陷,都是佛教的观察对象。要给予这人生的缺陷以适当的解决,非解决这苦痛的原因——"爱取"不可。爱是生命的贪恋与世间所有物的系著;取是内依自我爱欲的发展而为一切的追求,企图满足一人一家一国的争夺。经上说到爱取,说人类因爱取而追求。如求之不得,那就否认怀疑人类努力工作的价值,而走上尊佑论(上帝的恩赐或天意)、无因论、宿命论。一朝求得,又要藏蓄守护。假如得而复失,那种悲哀,像热沙上的鱼一样。因人类爱欲的自私,父母儿女兄弟,都在互相争斗,互相诽毁讥嫌。这种情势的扩大,就是民族国家间的侵夺;因此而死伤或被掠者的苦痛,实在不堪设想。这样看来,佛教所说的苦,不单是"老死",苦痛的解决,在勘破自我的爱取,在改变我们身心的行为。相对的改善,就是世间的救济;根本的解决,就是出世。世间与出世间,并非敌对相反(不善世间是相反的)。世间的改善与净化,决不障碍出世的解脱,反而是接近。一分学者,着重在琐碎的哲理思辨,或离却人间去出世,忽略勘破爱取的人间实际性。因此,也不能理解因人事的融洽而促进身心解脱的重要性;集体生活的真义,也受到漠视。

释尊是迦毗罗的王子,陷在五欲享受的重围中,这不是尊荣幸福。在释尊悲智的意境上,这是人生的大不幸,是悲哀。他离开王宫,完成最高的牺牲——弃世,才真正地走入人间。自然属于自然,一切还于一切;在自我私有的占领形态下,能有圆满的真理与自由吗?这种精神,贯串在一切中。在释尊教化弟子的时代,虽受着弟子的推尊敬礼,但释尊却这样说:"我不摄受众。"不愿以统摄者自居,是佛陀正觉缘起正法完满的实践。他服侍病比丘洗涤;给盲比丘纫针;向小比丘忏摩(意思说请你容恕我)。他不再单是王公宰官与政客学者的朋友,他是一切人的安慰者,诚挚的劝诫教诲者。释尊的弟子,有王公、大臣、后妃,也有屠户、妓女、土匪与奴隶;有读遍四吠陀与十八大经的名学者,也有三个月读不熟一偈的呆子;有威仪庠序的耆年大德,也有嬉笑跳跃的童子。他的足迹踏遍了恒河两岸,你说他出家是消极,弃离人间吗?释尊为了真理与自由,忍受一切衣食上的淡泊,但他以法悦心,怡然自得。他受着教敌的毁谤、毒害,但他还是那样慈悲无畏,到底在恬静中胜过了一切。在入灭的时候,他还在教化须跋陀罗,谆谆地教诲他的弟子。他为着什么?抛弃了人间吗?比那些称孤道寡的统治者,更消极吗?一切属于一切,唯有为众生特别是人类的痛苦,为人类的真理与自由,为使人类向上;此外更不为自己,没有自己。在这人类所知的历史中,有比释尊更在人间的吗!

"为家忘一人，为村忘一家，为国忘一村，为身忘世间。"为身不是为一人，忘世也不是隐遁山林。为身忘世间，是比为国家民族的生存而不惜破坏更为高级的。为自我的解脱与真理的掘发，有割断自我与世间爱索的必要。这样的为身才能为大众，忘世才真正地走入人间。

五　佛从人间被升到天上

释尊是一位慈和诚挚的教师，他称呼那断惑清净的比丘与自己一样是阿罗汉，何尝有意把自己提高到一切之上。但在释尊大悲大智大精进的伟大活动中，事实上超过了一切。伟大高洁的德性，深邃的智慧，因定慧而获得超越的能力，特别在溯述过去自利利他的本生谈中，露出佛陀的本来面目。这无限生命的伟大活动，不断地投入弟子的心目中，使声闻弟子不能不承认佛陀的崇高伟大，而意识到自己的渺小。释尊之所以被称"十力大师"，与声闻弟子是有所不同的。仁者见仁，智者见智，弟子心目中的佛陀，是有着不同观感的。

在佛教中，有不同的佛陀观，但正确的佛陀观，到底是佛在人间，即人成佛。"如来在世间，不言有与无；如来涅槃后，不言有与无。"凡真能获得正见者，接触到佛陀的生命者，必然有深刻正确的体认，而离却俗见与拟想。但庸俗者，忘却了"佛身无漏"，以为佛陀的饥渴寒热，与自己一样。佛陀的伟大在功德，但又遗忘了舍利弗"五分法身不灭"的明训，因此说"功德满三界，无常风所坏"，以为佛陀的入灭，是灰身泯智的。这样的佛陀观,是照着苦行厌离者自己的想像而复写的,正确的佛陀观并不如此。从本生谈的启示中,佛陀的因地,修行菩萨道的菩萨,并不与俗见者所见一致。菩萨早已断了烦恼,具有超越声闻弟子的能力。所以正确的佛陀观,是证无生法忍菩萨,断烦恼已尽;成佛断习。这无生法忍菩萨,虽然随机益物,但成佛还是在人间。"诸佛世尊,皆出人间,不在天上成佛也。"《阿含经》如此说,初期大乘经也如此说。正确的佛陀观,是不能离却这原则的。但中与正是难得把握的,或者又开始拟想:证无生法忍的菩萨,就是成佛。有的以为不然,释尊是成佛久矣,现在不过是示现。"如来寿量无边际"的见解,小乘部派中早已存在。早已成佛的佛陀,在何处成佛? 在人间,这似乎太平凡。那么在天上,在天上身相圆满广大的最高处——摩醯首罗天上成佛。天上成佛是真实的,人间成佛是示现的。起初,天上佛与人间佛的关系,还看作如月与水中的月影。再进一步,在人间成佛的释尊,修行六年,不得成佛,于是非向摩醯首罗天上的佛陀请教不可。在佛陀的本教中,释尊是人天教师,现在是转向天上请教了。这一思想的反流,我领略到异样的滋味。

　　佛陀"在天而天,在人而人",何必执著? 是的,不过我们现在人间,我们得认识人间的佛陀。佛陀是人间的,我们要远离拟想,理解佛在人间的确实性,确立起人间正见的佛陀观。佛是即人而成佛的,所以要远离俗见,要探索佛陀的佛格,而作面见佛陀的体验,也就是把握出世(不是天上)正见的佛陀观。这两者的融然无碍,是佛陀观的真相。在大乘佛教的发展中,如果说有依人乘而发趣的大乘,有依天乘而发趣的大乘,那么人间成佛与天上成佛,就是明显的分界线。佛陀怎样被升到天上,我们还得照样欢迎到人间。人间佛教的信仰者,不是人间,就是天上,此外没有你模棱两可的余地。请熟诵佛陀的圣教,树立你正确的佛陀观:诸佛世尊皆出人间,不在天上成佛也!

（录自《佛在人间》,1—16 页,本版 1—11 页。）

四　人间佛教绪言

一　人间佛教的展开

契理与契机:佛法所最着重的,是应机与契理。契机,即所说的法,要契合当时听众的根机,使他们能于佛法起信解、得利益。契理,即所说的法,能契合彻底而究竟了义的。佛法要着重这二方面,才能适应时机,又契于佛法的真义。如专着重于契理,或不免要曲高和寡了! 如专着重于应机,像一分学佛者,只讲适应时代,而忽略了是否契合佛法的真义,这样的适应,与佛法有什么关系! 现在所揭示的人间佛教,既重契机,又重契理。就契机方面说:着重人间正行,是最适合现代的需要,而中国又素来重视人事。别的不说,如印光大师,他平生极力弘扬念佛往生,却又提倡"敦伦尽分"。这名词虽是儒家的,但要在这人间,做成一像样的人,尽到为人的本分,作为求生西方的基础,他是没有忽视佛教在人间的重要意义。民国以来,佛教的法师、居士,都有适应社会的感觉,或办慈善、教育事业等。不问成绩如何,但确是认识并倾向于这一方面——佛教是人间的。人间佛教的论题,民国以来,即逐渐被提起。民国二十三年,《海潮音》出过人间佛教专号,当时曾博得许多人的同情。后来,慈航法师在星洲办了一个佛教刊物,名为《人间佛教》。抗战期间,浙江缙云县也出了小型的《人间佛教月刊》。前年法舫法师在暹罗,也以"人间佛教"为题来讲说。总之,人间佛教的时机适应性,确是引起各方面的重视了。人间佛教不但契应时机,更是契合于佛法的深义,大家应努力来弘扬!

人生与人间:太虚大师在民国十四五年,提出了"人生佛教",在抗战期间,还编成一部专书——《人生佛教》。大师以为:人间佛教不如人生佛教的意义好。他的倡导"人生佛教",有两个意思:

一、对治的:因为中国的佛教末流,一向重视于——一死,二鬼,引出无边流弊。大师为了纠正它,所以主张不重死而重生,不重鬼而重人。以人生对治死鬼的佛教,所以以人生为名。佛法的重心,当然是了生死、成佛道,但中国佛弟子,由了生死而变成了专门了死。如《临终饬要》、《临终津梁》、《临终一着》等书,都是着重于死的。我在香港遇见的某居士还说:"学佛就是学死。"一般的学佛修行,动机每每如此,即为了将来死得好。禅宗的"腊月三十日到来作得主",也只是死得好的证明。大师曾为此写了《生活与生死》一文,认为佛教的本义是解决生活,在生活问题的解决中,死的问题也就跟着解决了。其实,佛教的了生死,并没有错。生死是生死死生、生生不已的洪流,包含了从生到死、从死到生的一切。解决这生生不已的大问题,名为了脱生死。如不能了生,哪里能了死! 这哪里可以偏重于死而忽略于生！

　　中国学佛者,由于重视了死,也就重视了鬼。中国传统的宗教,是人死为鬼。虽接受了佛教的轮回说,相信鬼可转生为人,但他们只知道人与鬼的互相转生,而每忽略了人死不一定为鬼,可以人死为人,人死为天。所以学佛者,甚至往生净土的信仰者,也还是不愿为鬼而又预备做鬼。死了,用种种的饮食来祭祀他(依佛经说,唯有饿鬼才需要祭祀),烧冥衣给他穿,化锡箔、冥洋给他用,扎纸房给他住。佛教中,不但应赴经忏,着重度亡,而且将中国的一些迷信习俗都引到佛门中来,这完全受了中国"人死为鬼"的恶影响。其实一人死了,不一定生于鬼趣,或生地狱、畜生,或生到天国,或仍来人间。即使想到死亡,也不应预备做鬼！无锡的丁福保,以为信佛先要信鬼,大师以为这不免加深了鬼教的迷信！为对治这一类"鬼本"的谬见,特提倡"人本"来纠正它。孔子说:"未能事人,焉能事鬼。"儒家还重视人生,何况以人本为中心的佛教！大师的重视人生,实含有对治的深义。

　　二、显正的:大师从佛教的根本去了解,从时代的适应去了解,认为应重视现实的人生。"依着人乘正法,先修成完善的人格,保持人乘的业报,方是时代所需,尤为我国的情形所宜。由此向上增进,乃可进趣大乘行。使世界人类的人性不失,且成为完善美满的人间。有了完善的人生为所依,进一步地使人们去修佛法所重的大乘菩萨行果。"(《我怎样判摄一切佛法》)大师曾说:"仰止唯佛陀,完成在人格,人成即佛成,是名真现实。"(《即人成佛的真现实论》)即人生而成佛,显出了大师"人生佛教"的本意。

人生佛教是极好了,为什么有些人要提倡人间佛教呢? 约显正方面说,大致相近;而在对治方面,觉得更有极重要的理由。人在五趣中的位置,恰好是在中间。在人的上面有天堂;下面有地狱;饿鬼与畜生,可说在人间的旁边,而也可通于上下。鬼趣的低劣者,近于地狱(有些宗教是不分的),所以阎罗王或说为鬼趣的统摄者,又说是地狱的王。而鬼趣的高级者,即低级的天(神)。畜生中,高级的也通于天。天神与鬼、畜,在一般宗教中虽从来有分别,而实有混淆的形迹。大概地说:倾向于统一的、永生的,是天神(神教)教。但也有多少不同:如基督教的耶和华,回教的安拉,是一神教;如印度的梵天、大自在天,中国道教的元始天尊等,是泛神教,即有多神的倾向而统一的。如倾向于杂多的、死亡的,即鬼灵(鬼教或巫教)教。佛教是宗教,有五趣说,如不能重视人间,那么如重视鬼、畜一边,会变为着重于鬼与死亡的,近于鬼教。如着重羡慕那天神(仙、鬼)一边,即使修行学佛,也会成为着重于神与永生(长寿、长生)的,近于神教。神、鬼的可分而不可分,即会变成又神又鬼的,神化、巫化了的佛教。这不但中国流于死鬼的偏向,印度后期的佛教也流于天神的混滥。如印度的后期佛教背弃了佛教的真义,不以人为本而以天为本(初重于一神倾向的梵天,后来重于泛神倾向的帝释天),使佛法受到非常的变化。所以特提"人间"二字来对治它:这不但对治了偏于死亡与鬼,同时也对治了偏于神与永生。真正的佛教,是人间的,唯有人间的佛教,才能表现出佛法的真义。所以,我们应继承"人生佛教"的真义,来发扬人间的佛教。我们首先应记着：在无边佛法中，人间佛教是根本而最精要的，究竟彻底而又最适应现代机宜的。切勿误解为人乘法！

二　人间佛教的三宝观

三宝在人间：佛法无边，实不外乎三宝。我们学佛的，第一要皈信三宝。拿出家人说，皈依三宝，即加入僧团而学法，由学法而趋于果证。皈依的对象是三宝，所学所证，也不出此三宝。如不能正确地信解三宝，一切与外道的知见一样，那名称是皈依三宝，其实对佛法是极其陌生的！

三世、十方，佛是极多的。凡对于宇宙人生的真理，普遍而正确地觉悟——正遍知；慈悲、智慧，一切功德，到达圆满的境地，就称为佛。单说佛，不是指哪一位佛，而是通指三世十方的一切佛。但是，我们怎么知道有佛，有十方三世佛呢？这因为，我们这个世界曾经有佛出世。本师释迦牟尼佛，就诞生在印度的迦毗罗国释迦种族。父亲是净饭王，母亲是摩耶夫人，他也有妻有子。出家后，参学、修行，终于成了佛。他常在摩竭陀国的王舍城、憍萨罗国的舍卫城等，弘扬正法。到八十岁的时候，在拘尸那地方入灭。照这历史上千真万确的事实来看，佛哪一样不是在人间的。释迦牟尼佛，不是天神，不是鬼怪，也从不假冒神子或神的使者。他老实地说："诸佛世尊，皆出人间，非由天而得也。"（《增一阿含经》）这不但是释迦佛，一切都是人间成佛，而不会在天上的。又说："我亦是人数。"佛是由人而成佛的，不过佛的断惑究竟，悲智功德一切到达无上圆满的境地而已。佛在人间时,一样的穿衣、吃饭、来去出入。他是世间的真实导师,人间的佛弟子即是"随佛出家"、"常随佛学"。《法句经》说"具眼两足尊",眼即知见,知见的具足圆满者,即是佛,佛在两足的人类中,处最可尊敬的地位。佛出人间,人间才有正法。由于有本师释迦牟尼佛,我们才知道有三世十方诸佛。从"佛佛道同"来说,一切佛还不等于释迦佛吗?

再从法宝说:诸佛所证觉的诸法实相是法,修行的道也叫法。道与悟证的寂灭法,本无所谓人间不人间的,佛出世或不出世,都是这样。佛时常说:"是法非佛作,亦非余人作",那么为什么说法在人间? 因为本师释迦佛的说法,是为人而说的。在神鬼气氛浓厚的印度环境,虽也偶为天龙等说法,而重点到底是为了人间的人类。如佛教根本教义中的十二缘起的识、名色、六处三支:由初识——投胎识而有名色(肉团凝成),由名色而起六处(眼耳鼻等成就),这唯有此欲界人间才有这完整的生长过程。他界如天与地狱等,都是化身的,顷刻即圆满六处,哪里有此阶段? 又如无色界,既没有色法,即是有名无色,处中也但有意处而没有眼等五处了。佛这样的说明身心渐成的阶段,即是约此界人间而说的。又如生缘老病死(阿毗达磨者把病略去了,但经说是有的):老与病,其实也只是此界人间的情况。地狱与天神,可说都是没有的。佛本为人说十二缘起,等到以此论到一切,即觉到有些不尽然。其实,佛没有为天为鬼而说此法门,这是为人类而安立的。五蕴、十二处、十八界等,都如此。又六根对境生起六识,这也是人类的情况。许多下等动物——畜生,是无耳、无鼻的,当然不会有圆满的十二处、十八界。色界的众生，没有鼻、舌识；到了二禅以上，前五识就都不起了。五蕴、十二处、十八界的分类，实在是依人类而分别的。谈到修道，如天国、畜生，即没有律仪戒。所以，可以肯定地指出：法，本是为人类而说的；一切是适应人类的情形而安立的。佛既没有依地狱、天堂的情况而立法；如有地狱法与天堂法，那也只适合于地狱与天国，也不是我们——人类所能信行的。

说到僧宝，不用说，是在人间了。出家五众中：沙弥、沙弥尼，式叉摩那，比丘、比丘尼，除了人间，其他众生都是没有的。所以出家众的律仪戒唯是为人而说，也唯是人所受所行的。受戒时，即曾问："汝是非人耶？"如是非人——天神与鬼畜，即不得受戒。依戒而摄僧，依僧伽而住持佛法，一切都是人间的，何等明显！

佛出人间，为人说人法——人类所能解能行的，人类得因此而增进而解脱的佛法，修学者也即是人间贤圣僧。三宝常住人间，进一步说，人间才有如法而完美的三宝。佛在人间，法与僧也无不在人间。三宝本在人间，这即是我们的皈依处。如忽略此界人间的佛法僧，而偏重他方，天国、龙宫，无疑地会落入于死亡与鬼灵、永生与天神的窠臼，埋没了佛法的真义！

人间与天上：从三宝出现于人间说，佛为创觉的立教者。佛住世时，生活起居与一般人相仿佛。既不是神，也不是神的儿子或使者，他是真挚的人类导师。人间有苦有乐，穿的、吃的、住的，都不能随心适意。天上呢？吃的是天厨妙供，穿的是细滑天衣，住的是七宝宫殿，比人间的享受，是不知好到若干倍。人间寿命短，天寿极长，活到几百万年的不算回事。人间的身量短，而天身有的如须弥山那么高大,光明晃耀。有的,以为佛与人一样,太不够圆满,能像天人那样的广大庄严就好了!这一不能把握"人间佛教"的见解,就现出了天上成佛的思想。如说"色界究竟天,离欲成菩提"。天上成佛是真佛,人间成佛是化身,这是现实人间的佛陀而天化了!佛于色究竟天成佛,即大自在天成佛,于是佛梵合流。印度婆罗门教徒便说:人间的释迦牟尼佛是化身,是大自在天的化身。这样的弄得神佛不分,使佛教在印度流于神秘、迷妄,走上了末路!所以我们必须立定"佛在人间"的本教,才不会变质而成为重死亡的鬼教,或重长生的神教。认定了佛在人间,那么说法时也在人间,佛法即是佛在人间的教化。佛所表现的三业大用:以语言为弟子们开示;佛的行止举措,对人接物,身体一切的活动,都是身教,是为弟子们示范的;尤其是他的大慈悲大智慧,意业能感召人类。佛的"三轮示导",即是人间佛法的根本。怎能使法宝常在人间流行呢? 一、由出家在家的佛弟子,切实地依教奉行,而表现于身心中。二、有经、像、塔、庙等传世,表示出佛法的内容与精神。如经典的文字,即是用印度文写的,所以经典传来中国,是要有人——如鸠摩罗什及玄奘等翻译。这因为是人间的佛法,所以编集传译流通,都有确凿的史实可考证。不像外道的经书,胡说是神说的,是从天上送下来的。因此,更显得佛法在人间,为了人间而说。如为畜生(龙等)说、鬼(夜叉等)说、天(帝释)说,那么用什么语文编集? 谁翻译而成为人语? 如以人间佛教的眼光来说:如龙树菩萨从雪山老比丘处得大乘经,这是很平实的事。如说夜叉送来、天龙传来,那对于佛典的语文,编集、翻译,一切都成为问题了！佛经的编集，开端都载明时间、地方、听众，佛法本着重时地人的确实性，这才能引人生信。所以说："说时、方、人，为令人生信故。"如佛在天上成佛、说法，那一切都不是你我——人类能知，也只能适应于天上，而无关人间的教化了。我们是人，需要的是人的佛教。应以此抉择佛教，使佛教恢复在人间的本有的光明！

（录自《佛在人间》，17—28 页，本版 12—20 页。）

五　从依机设教来说明人间佛教

一　教乘应机的安立

　　施教宗旨:佛法是适应众生的根机而安立的,需要什么,就为他说什么。如《智论》所说的四悉檀,即是佛陀应机说法的四大宗旨。说法的宗旨虽多,但总括起来,不出此四。一、世间悉檀,以引起乐欲为宗。如对初学而缺乏兴味的,佛必先使他生欢喜心。随顺众生的不同愿欲,给他说不同的法。如遇到农人,可先谈些田园的事,然后即巧便地引入佛法,那听众一定是乐意接受的。从他性欲所近的,引入佛法,不使格格不入。如佛在印度,适应印度民情,于受施后,也为人说呗赞。如印度多信天(神),佛也就称"天人师",为梵天、帝释等说法。佛说:天神等不可皈依,如随顺世俗,也不妨供养他等。大乘的"先以欲钩牵,后令入佛智",也只是这样的巧方便。二、为人悉檀,以生善为宗。如不肯布施的,就将布施的功德说给他听。为说持戒,为说忍辱等功德,总之,应机说法,以使他的善根滋盛为目的。这与世间悉檀不同的:这不是为了随顺众生愿欲,逗发兴趣而说法,是为了增长善根。这不一定是世间所熟识的,但必是佛法所认为合于道德的。三、对治悉檀,以制止人类的恶行为宗旨。如贪欲重的,教他修不净观;嗔恚重的,教他修慈悲观;愚痴重的,教他修因缘观;散乱多的,教他修数息观;我执重的,教他修界分别观。有的能行许多慈善事业,却不能遏止自己的恶行;也有人能消极地止恶,却不能起而积极地为善。所以生善与息恶,在应机施教中成为二大宗旨。止恶,不但是制止身体与语言的恶行,还要净化内心的烦恼。如有人只肯布施,不能持戒。毁戒是一切罪恶的根源,因此为说布施功德是有限的,只感得身外的福报。学佛最重要的是持戒,持戒才能感人天报。这就是以持戒对治毁犯的恶行。如有人但能制止身语的恶行,而烦恼多起,即为说学佛不能但限于身口,应清净内心,修习禅观。生善与止恶的目的不同,而众生又因时因地而异,所以说法是有多种巧方便的。有的称扬赞叹,有的又呵斥痛责;或赞此斥彼,或赞彼斥此。总之,众生的根机,应该怎样,就要怎样说法。四、第一义悉檀,这以显了真义为宗,这是佛陀自证的诸法实相。不信解这甚深的真义而修行趣证,是决不能了脱生死,圆成佛道的。所以佛依第一义悉檀说,是究竟的了义说,这才是佛法的心髓。

　　龙树说:"三悉檀可破可坏,第一义悉檀不可坏。"如世间悉檀,要看这时代的情况怎样,这区域的习俗怎样,这人的根性怎样,随顺世俗的逗机方便,千变万化,不拘一端。如时代不同、区域不同、对机不同,那就对于甲的世间悉檀,对于乙可能成为大障碍,不成方便。这哪里可以拘执? 世间悉檀,是可破坏的,但在时地人的适应时,是极好的方便。说到增长善根,对治恶行,原则虽古今一致的;佛称道为"古仙人之道",也是有着永久性的,但实施的方法,也会因时因地因人而不同。古代的、别处的道德,在此时此地看来,也许认为不完善了。然诸恶莫作,众善奉行的原则,是不会改变的。依佛所说的第一义悉檀,那才是常遍的大道,照着去修证,才能出离世间的迷惑,悟证彻底圆满的真理。佛法如医师给药病人吃一样,随病人的情势变化,给他吃的药也就不同。所以随着时代、环境、根机的不同,所说的法也应有差别。如佛法在印度,就要适应印度的各种情况;佛法传到中国、日本、南洋等国家,都因适合这些国家的不同的情况而多少不同。佛法施教的宗旨,有此四悉檀不同。弘扬佛法而要得到机教相契的效果,就得深切地注意四悉檀的运用才行,把握方便(前三悉檀)与究竟的差别才行。尤其是不能误解方便为究竟,从根本上破坏了佛法的纲宗。

教乘类别:随众生根机的差别,故教法也随而有别。乘有运载的意思,人类依此教法修行,即可由此而至彼,如乘车一样,所以称佛法为乘。人能依此教法修行即可由人而天,或由凡而圣。这一向有五乘、三乘、一乘的类别。

五乘是:人乘、天乘、声闻乘、缘觉乘、菩萨乘(或佛乘)。乘,必有三事:一、发心;二、目的;三、方法。五乘可略为三类:(一)人天乘为一类。人天乘发什么心呢?叫"增进(或作胜)心"。在六道中生死轮回,受苦不已,但比较说,人与天要好得多。所以学佛法的动机,有些人总是希望现在人间,及来世生天生人,比目前环境要好一点。现在的身体不圆满,智识不深,生活不富裕,学法的目的,希求现生将来,身体、智识、生活都能达到丰满安乐。此种心理，也是世间常人所共有的。发这样的心，因此而学佛，这不过人天乘的发心。现世在人间，希冀现生人间乐，未来世得生人间天上乐，这是人天法的目的。以人间正行，布施、持戒等为方法。如不能循人天的正道，损人利己，杀、盗、邪淫、妄语，那是要堕落的。如存此增进心，那无论学什么高深佛法，结果也不出人、天道中。（二）声闻、缘觉乘为一类。二乘的根性相同，仅稍有差别。他们的发心与人天乘不同。他们深刻地感觉到三界生死是太苦了，就是生在人、天道中，到头来也还是一切皆苦。所以，不追求现生乐与后生乐，于世间一切生起无常故苦的感悟，发"出离心"，想息除三界的生死，以证得涅槃为目的。修行的方法，也重于调治自心的烦恼。如但存此出离心，即使修行大乘法，也还是要退证小果的。（三）菩萨乘。菩萨发心，又与二乘不同。他也见到三界的生死是太苦，可是他又见到三界众生与自身一样的受苦，于是发"大悲心"为本的菩提心。对有情所受的苦迫，生起同情心、怜悯心，以自利利他的方法为修行，以度生成佛为目的。佛法虽无量无边，归纳起来，不出此五乘法。学佛法，不出此五乘法，而五乘中以菩萨乘为高胜。如学佛而离开了此五乘的发心与修行，就是虚伪的学佛，不能免离恶道的苦难。

再说三乘与一乘：人天乘，本不是佛法的宗要，佛法的重心是出世间的。人天乘法，也不但是佛法的，像中国的儒、道，西方的耶教与中东的回教，动机与行为大都是契合人天乘法的。就是世间的政治学术，也很多是符合人天法的。所以人天乘法是共世间的，显不出佛法的特殊。佛法的特质是出世法，即是三乘法。三乘，即声闻乘、缘觉乘、菩萨乘。三乘的差别，上面已约略说到。一乘，即一大乘。三乘中也有大乘，与一乘有什么差异呢？如说：三乘同入无余涅槃，声闻、缘觉的无学果是究竟的，这即是三乘说。如说：不但菩萨决定成佛，声闻与缘觉将来一定要回心向大，同归于唯一大路——成佛，这即是一乘说。一开始就发菩提心的，叫直往大乘；先修二乘，再回心向大乘，叫回入大乘。从学菩萨行、成如来果说，大乘与一乘，并无实质的差别。佛法中一向有三乘与一乘的诤论，根本在二乘的是否究竟。这如：

　　表中二条短线，如二乘；另一条长线，如一大乘。在经说二乘究竟时，菩萨乘与二乘相对，称为大乘。但二乘是终要转入大乘成佛的，唯大无小，所以大乘即成为一乘。三乘究竟，本是方便说的。在证入法性平等中同归一乘，为必然的结论（所以《般若经》说，阿罗汉等圣者，是一定会信受大乘般若的。《法华经》等说，如声闻而不信一大乘，是增上慢人，自以为是阿罗汉，而不是真阿罗汉）。

　　通约三乘来说，二乘是出世间法，菩萨乘也是出世法，但特别称赞为出世上上法，因为菩萨不但求自己成佛，也愿一切有情得度，为大智、大悲、大愿、大行的合一。对人天乘说，大乘是出世的，也是入世的，是世间法与出世间法的统一，到达更高的完成。

　　教史递演：佛法的五乘、三乘，如从同归一乘佛道的立场来说，佛法分为三类，实只是大乘的三类。从印度佛教史的演变上看，这是确实有此三类的。此三类，虚大师在《我怎样判摄一切佛法》中，有简要的说明。大师的见解，是唯一大乘，一切有情皆能成佛。从此去观察：一、佛灭后初五百年，即正法时代，以声闻道为中心，而即是以声闻行果趣入大乘。那时候的学佛者，多分是先学声闻乘，修行证果，然后再回入大乘。像《法华经》的舍利弗，四大声闻，有学无学的比丘比丘尼等，都回向大乘，发成佛度生的大愿。这种风气，五百年后还有嗣续的。印度佛教史明显地记载着他的事情，如龙树、提婆、无著、世亲等，虽不一定先证声闻，大概先于声闻学派中出家、受戒；或先小后大；或内修菩萨行而外现声闻僧相。出家菩萨，以属于这一类的为多。依二乘行果以向大乘的菩萨，都是重智的。二乘一向重智，悲心不够，精勤禅观，切求悟证。先断烦恼，了生死，再回心学佛，即是智增上菩萨。因为他本重智慧，久久成为习惯了，虽然回心向大，也还是悲心不深，在菩萨道中进程不快。二、依大师说，即像法的时代一千年。印度学佛法的，多分依天乘行果而进趣大乘的。这些可称为天菩萨的，不像二乘的先证小果，而是对于婆罗门教的天法有基础的根机，习惯于天法的，以天法为方便而融摄于佛法。所以观念佛菩萨等于念天，或即称之为"修天"，处处以佛化的天国为理想的境地。例如密宗的本尊都是夜叉、罗刹像或梵像，表示了天神的姿态。这时，二乘在佛法中地位极低。三、依大师说，一千五百年后，到了末法时代，是依人乘行而趣入菩萨道。证声闻果的是等于没有了，连南传佛法的声闻乘佛教国,也重于教育、慈善等人事。在山林修声闻行,会被时代讥刺为逃避自私了。专修天乘菩萨行的,着重于饮食男女,要被时代责斥为迷信荒谬了。依现在的情况看,唯有依人乘行学菩萨法,即依人类的正常道德为基础,发心直趣大乘,才是应机的,而且是可以宏通的救世的佛法。大师的分类法,由人菩萨而天菩萨,由天菩萨而二乘菩萨,是很有意义的。二乘菩萨重智;天菩萨重信(净土、密宗,都是天菩萨行,都重信仰);人菩萨重慈悲,对一切人类起同情心,而施设种种利济的事业。《大智度论》曾说到菩萨:或重智,或重悲,或重于信精进。虽真正的菩萨,信进悲智是应该具足的,但依趣入大乘说,确有这三者的不同。

在印度一千五百年的佛教史中,也可看出三期的演变。试画为曼荼拏,以说明机教的差别:

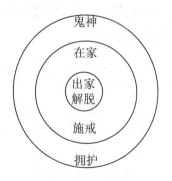

初期佛教,以出家的声闻僧为中心,释迦佛自身、舍利弗、目犍连、大迦叶们,都是现出家相的。出家有什么特殊风格?可称为自在解脱。如穿衣、吃饭、住处都不怎么讲究,随缘度日。少事少业,减除烦恼,林野风致,现出清净自在的精神。初期佛教,以此出家的解脱为中心。此外有在家弟子,如舍卫国的给孤独长者、摩竭陀国的频婆娑罗王、憍萨罗国的波斯匿王,以及文臣武将、农工商贾、男女老幼。这些人都是现在家——一般人的常相,重布施、持戒,尽力于对国对家对人应做的正事。他们也修定,但重于慈定;也能了生死,但不处于住持佛教的地位,而是外围的信众。最外层的,是鬼神——从净居天到饿鬼、畜生。《阿含经》与"毗尼"中,每有天人、阿修罗、乾闼婆、夜叉等,偶尔也参预法会;少分是守护佛教,以免恶性的鬼神来捣乱。在佛教中,处于不关重要的地位。他们有二种特征:一、贪求,对世间的五欲,贪心最极强烈;二、忿怒,在什么时候,最容易引发嗔恚。佛对于这些,总是劝他们,不为自己的贪欲、暴劣的忿怒而害人害世。天、人(在家)、声闻(出家)三类,佛教的重心极为明确。此初期的佛教,鬼神仅是世间悉檀,不加尊重,也不否定。神教的色彩极浅,迷信的方便极少。内重禅慧,外重人事,初期以出家解脱为中心的佛教,是如此。

佛灭后五百年的佛教情况,即大乘教兴起的时代,也约有五百年。佛教的中心是演变了。处于佛教中心的佛与弟子,都现为在家相。如文殊、观音、普贤、维摩诘、善财、常啼等菩萨,可说都是在家的。大乘归极的佛陀,为毗卢遮那佛,也是有发髻、戴头冠的,身上璎珞庄严的在家相。这以在家为中心的佛菩萨,表现了大悲、大智、大行、大愿的特征,重六波罗蜜、四摄等法门。当时,出家解脱相的声闻僧(连释迦佛在内),被移到右边去,不再代表佛法的重心,而看作适应一分根性的方便了。声闻乘所说的三宝观,不是佛法的根本;究竟而根本的,是以发菩提心度生成佛为宗的一大乘。二乘虽然被推移到方便的外围,但并没有拒绝他们,是处在旁听的地位。不过,迦叶等声闻弟子,时常在怨恨自己,轻视自己,为什么不知道修菩萨以成佛。末了才决定,二乘都要回心入大乘的,如《法华经》所说。天(鬼畜),不远处于外围,地位抬高了,处在左边的地位。举例说:传说佛在世时有护法神——金刚力士,本是夜叉而已,在大乘佛教中,就尊称为菩萨化身。海龙王、紧那罗王、犍闼婆王、阿修罗王,称为菩萨的也不少,连魔王也有不可思议大菩萨。这些天菩萨,在大乘法会中,助佛扬化,也还是本着悲智行愿的精神,助佛说六波罗蜜、四摄等大乘法,不过增加一些神的特征。一分低下的天神,大抵是热心的护法者。

这一期的佛教,从出家移入在家,从人而移向天,为高级的天与在家人的趣入佛法,也是适应于崇奉天神的在家婆罗门而发扬起来。入世利生,充满了本生谈中的菩萨精神。但同时,天的倾向发达起来,天神的地位也显著起来。所以,这是佛教的人间化,也是天化。印度大乘佛教的隆盛,是包含这两个内容,也影响了后来发展的倾向。这不如初期的朴素,重于集团生活,而多少曲应世间俗习,而倾向于唯心及个人的伟大。

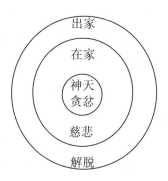

第三期的佛教，一切情况与初期佛教相比，真可说本末倒置。处于中台的佛菩萨相，多分是现的夜叉、罗刹相，奇形怪状，使人见了惊慌。有的是头上安头，手多，武器多，项间或悬着一颗颗贯穿起来的骷髅头，脚下或踏着凶恶相的鬼神。而且在极度凶恶——应该说"忿怒"的情况下，又男女扭成一堆，这称为"具贪相"。那些现在家慈和的菩萨，又移到外围去了。至于现出家解脱相的，在最外围，简直是毫无地位！这种境况，从密宗曼荼拏中，可以完全看出。由于天神(特别是欲界的低级的)为佛教中心，所以一切神教的仪式、修法，应有尽有地化为佛法方便。这即是虚大师称为以天乘行果而趣向佛乘的。由此，可见初期佛教以声闻乘为中心，中期以人(天)菩萨为中心，后期以天(菩萨)为中心。中期的大乘佛教，一方面倾向天菩萨，同时又倾向人菩萨。人菩萨法，在印度的中期佛教有着充分的表现；为了适应于印度神化极深的环境，佛教就更摄取婆罗门教的方便，发展到天菩萨去。

现在所提倡的人间佛教，我们是人，应以人为中心，应摄取印度初中二期佛教的人菩萨的慈悲与智慧，特应从悲起智，而不取后期佛教的天菩萨法。传到中国汉地的佛法，唐代也还是印度后期佛教的开始，所以还不像传于藏地的完全天化。汉地所传的佛教，天神化本来不深，也许声闻的倾向要浓厚些。提倡纯粹的人菩萨法，即由人发菩萨心，以悲智普济一切有情，直趣无上正等菩提，应着重中期佛教，而脱落天化的倾向。

二　诸乘应机的分析

人乘及基于人乘的天乘：佛法是适应众生根机的，从对什么机说什么法去分别，就明显地看出，哪些是人乘的特法，天乘的特法，二乘的特法，菩萨乘的特法。佛法兴于印度，当然要适应印度当时的文化以及印度人的特性。佛法为了适应某一时代、某一区域的根机，佛法就有时代性与区域性了。

佛法与古代印度文化有重要的关系，必须了解这点，才能不受它的拘束，不以适应印度古代文明的契机法，误解为十方三世常住的真理。

要求未来世仍得人身，名人乘法。以人为可贵的，尽人的本分，做人类应做的正事；有此人身的正行，将来定能获生人间。因果等流，毫无差失。生天也如此，现生修学天乘法，来生一定得生天报。行人法，得人报；行天法，得天报，这是无可疑惑的。释尊出世前，印度的初期文化，人乘法、天乘法是没有分别的。古人心里所萦回的问题，主要在人间如何能得到快乐。这是人类最基本的欲求，由个人到宗族以及国家，都是如此。他们时刻地在想获得人生快乐，并希望这快乐能长久持续下去，这在佛法里,叫做"现法乐"。然由于现生乐是短暂的,是随即消逝了的。况且,人间的缺陷很多,如自然界的灾害——风暴雨淹,山崩地震;人为的祸患——刀兵斫杀,争城夺地,因此求来生为人与更求上生天国的思想,也油然而起。此种思想,古代的一切宗教,莫不如此。这在佛法中,名为"后法乐"。

这两种宗教思想,一求人间现法乐,一求未来人天的后法乐,近于五乘中的人天乘。这不是说:人应如此修,天应如此修,是说人如此行,即得人身,得天身。这二者,都从人身起行,从人生正行发展到生天的行法。后来,印度宗教又引出永生不死的思想,如基督教的天国永生一样。当时印度人以为,天中的大部分还是要死的,所以探究怎样才能究竟不死,以为唯有最高神——梵,是宇宙的本源,是永生不死的、常住不变的。人能复归于梵,即得恒常的妙乐。这种思想的底里,本含有解脱的意义。由生而死,死而又生,这本是个大难题;这应该想法彻底解决。佛教是超过了现法乐与后法乐,而探求究竟解脱乐的。这在一般的宗教,皆以生梵天或"梵我合一"为究竟乐。这三种企求,归纳世界人类的思想,不外乎如此。

释尊出世时,究竟解脱的思想已弥漫全印度。在人天中,倾向于天国,以为天比人间好。这因为,不但天为后法乐的地方,他们相信生梵天,即是究竟解脱处。获得人间福乐与来生得生人天的方法,印度宗教的主要方法有六:祭祀、咒术、德行、苦行、遁世、瑜伽。一、祭祀:中国人重视祭祖宗,或祭土地神等,于古代宗教的祭祀重要性,大抵已不能深切了解。古代的宗教情绪极浓,祭祀是唯一的大事,每天、每月、每年,都有规定的祭祀时间。如希伯来的犹太教、印度的婆罗门教、中国的神教（即后代儒家与道家共的宗教），都是这样。逢男女婚丧、农作收成的时候，都要举行隆重的祭祀。最高的是祭天（上帝等），但中国由帝王包办，久之淡忘了，不再像犹太教等倾向于一神。祭祀法，古代的印度（犹太教、波斯教等也如此），一家设一火，一年到头，家里是不熄火祭的。祭物大抵与人间的食物相同，如新生的瓜果米谷、乳酪牛羊等。人类生活所需的东西，投到火里作祭品。以为这样的祭祀，这些被火烧的饮食气味，升到天上，天神即受他们的供养。天神生欢喜心，使你种的五谷、养的牛羊，都得茂盛繁殖，身心获得康乐，未来能得生人间天上。后期佛教密宗的"护摩"，即沿婆罗门教的火祭而来。但还有复杂的祭祀，须请祭师代行，设三火。二、咒术：不但是印度，古代人大都有此信仰。如中国的道教也有咒术。持咒时，身体也有表示的动作，还有象征的物品。祭祀的咒语，含义在可解不可解之间。古人相信咒语有很大的力量，可为人类与天或鬼神间感通的工具。印度的咒术，有的为附于祭祀的用语，动机还光明正大。但另有独立的咒术，其间即有存心不正，利用低级鬼神的魔力，做损人利己的邪术。三、德行：如人遵守祖宗的成法，奉行家庭间的义务，或为国家作战等。凡是看作人类应行的正法，都可为来生人天的因。同时，由于祭礼，对祭师要发心供养，布施的风气盛起来。祭师对于祭主——信徒，也时常警诫他们，要诚敬老实，或奉行特定的戒条，否则祭祀与持咒就会无效。这里面，也含有道德的正行。人生正行中，如不杀、不盗、不邪淫、不妄语等，古来也已非常重视的了。上面三类，大致为求现法乐与后法乐的行法(祭祀,通究竟乐)。四、苦行:有禁欲的意义,如物欲的享受,极力节制,又含有努力的意思。上三种,是一般人所能做的,但苦行只是少数人的特行,是宗教中最精进的人。苦行,是战胜物欲的精神,如甘地也是一苦行者,他终身是那样的精苦,印度民族的独立是受了他最大的鼓舞,发生难以相信的感召力。但有偏于戕贼身体的苦行,如常立、不食、卧荆棘中等,即是无意义的了。佛在世时,摩竭陀与央伽国修苦行的极多,受到世人非常的崇敬。这些苦行者,不是人乘法,而是倾向于生天及解脱的。五、遁世(近于中国的隐逸):有的觉得,祭祀、咒术等是形式的,为家庭俗事所缠的。真正的修持,要摆脱形式的宗教,到深山丛林里去专修。释尊未出家前,这风气就已盛行,称为沙门。有的到五六十岁,完成了家庭的义务,再过遁世生活;有的少年即出家。六、瑜伽:隐遁者,大抵是苦行者,又是修持瑜伽的。瑜伽,大抵与佛教的禅定相近。从物欲的克制、呼吸的调御、精神的集中,以达超越的自在境地。这身心体验的瑜伽,即是生天或了脱生死的究竟法门。上面所说的六项方法,祭祀、咒术,是一般的,求生人天的;德行,通于做人的方法,以及进修的根本道德;苦行、隐遁、瑜伽,是生天的,而且是生天得解脱的。释尊出生于印度人间,应机立教,对于这些,是怎样摄取或破斥的呢?

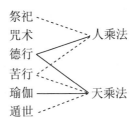

佛所安立的人天乘法，将祭祀除开。如婆罗门繁重的祭祀，佛法中是不要的。这如犹太教本重祭祀，被耶稣革除了一样。谈到咒术，更是绝对否定的。佛法对于印度的祭祀天神，如屠杀牛羊，毒害生命，耗费财物，劳动大众，佛以为这只有增加罪愆，毫无益处。在家佛弟子，如不铺张，简单地用点香、花、果、谷来供天，也不阻止他。这是摄化众生的方便，属于世间悉檀。从这可看出佛教的宽容精神，不像基督教、回教等的排斥异己的作风。东方的精神是宽容的，但佛法每因宽容而引出流弊，这是佛徒不曾能把握佛陀创教的精神。还有祭祀祖宗，印度、中国都重视它。有人问佛：祭祀祖先有没有用？佛答：如父母死了，堕在饿鬼道中，祭祀他，可使他暂免饥饿的苦迫。若生到人间或天上，畜生或地狱，就用不着祭祀。因为，如人及畜生，都是不依祭祀而生活的。佛这样回答，真耐人寻味。但听者又问：如父母不堕在饿鬼中，即不要祭祀吗？佛又答：也可以，因为过去生中的父母，不能说没有堕在饿鬼中的。佛不反对祭祖，一、为使饿鬼得食；二、免与印度的习俗发生严重的纠纷。要生人天，要具足人天的正行。有了人天正行，现法得乐，未来也得乐果。相反的，如杀生、偷盗等邪行，未来堕恶道受苦，现法也受种种苦果。人天乘的德行，约有三种：施、戒、定，称为世间三福业事。施是牺牲自己所有的，不贪恋悭吝，而肯拿来利他。持戒是制伏烦恼，与一切人建立正常的关系，使自己的行为，不做损人的邪行。定是内心的净伏，烦恼的部分断除。这里是着重禅定中的慈悲等持，为利他的广大同情心。人乘的方法有二：施与戒。天乘的方法，更修禅定。生天必要修定，如修得四禅，将来能生色界四禅天。遁世,是天乘法(生欲界天法是不一定遁世的);精修瑜伽,为生天的主要法门。苦行,佛教是取它的精意(通于人天法),主张少欲知足,精进勇猛;不过苦,不纵欲,取着中道的态度。总之,印度宗教以为生天即得解脱的方法——遁世、苦行、瑜伽,佛是多少修正了它,以为这不过生天法而还不能得究竟解脱。布施与持戒,一般的说,是人乘的德行。进一步的,也可以生到欲界天(也要多少习定)。要想生到色无色界,非修禅不可。所以,人乘法以施戒为本,而重在戒善,无戒即堕落鬼、畜趣。天乘法以戒定为主,而重在禅定。适应印度当时的根机,人乘法即为家本位的德行。从佛法去了解它,这实是适应人间所最急需的。不过限于时机,佛教最高深圆满的真义,还不曾充分(在人乘法中)说明而已。佛法的人乘法,与中国儒家的思想相近。

　　基于人天的声闻乘:佛为适应当时印度的民情、根性,立人天乘法,又依此而进立声闻法。声闻,本为当时佛弟子的通称,从佛听受正法,依法修行得解脱,都叫做声闻。后来,演变为一部分佛弟子的专称。要说明基于人天的声闻乘法,还得从前所说的六种说起:

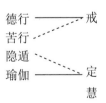

德行 ──────→ 戒
苦行 ┄┄┄┄
隐遁 ┄┄┄┄
瑜伽 ──────→ 定
　　　　　　　 慧

　　印度一般在家的人天法与究竟解脱法,依释尊看来,人天法中也有种种错误。尤其是外道的解脱法,都是虚伪的,有着根本的错谬。佛所安立的声闻乘法,是究竟的、彻底的真道。修学究竟解脱道的方法,即三无漏学——戒定慧;唯有这三学,能令人离烦恼、了生死、得解脱。此外,没有任何方法,可以使人达到目的。印度外道生天究竟的方法,或重在祭祀,声闻法中对祭祀是一笔勾销。真有正见的究竟解脱,决不从祭祀得来。佛虽为了避免无意义的争执,从世间悉檀的立场容许供天、施鬼,但佛教的出世法,是绝对用不着祭祀的。咒术,虽印度的外道以为真我解脱时,要心念"唵"等为方便,但初期的声闻法是不需要这些的。佛说:"见谛"(悟证真理)的人,就是生了大病,受种种剧苦,甚至可能死亡,也决不去求学一句咒,几句咒,或者千句咒,希望避免自己的痛苦与死亡。可见这惟不见真理的愚痴众生,才去学习。真净的出世法,要从正知正行中来,决不能从神化的祭祀与咒术中来。

德行,声闻法重在精持净戒,这是到达出世的正道。从出世解脱的立场说,世间一般的布施,每与解脱不相应:或为了虚荣,为了聚众,为了趋吉避凶,为了希求人天果报,这都是世俗生死心,与解脱的佛法不相应。佛法是称叹布施的,但单是财物的施舍,如一般人以世俗心作布施,这是不能成为解脱道的。修出世法的重视净戒,戒中即含得一分苦行。穿衣、吃饭、睡觉,这些要清苦澹泊,少欲知足。如外道那样的无意义的苦行,如夏天在烈日下曝晒,冬天裸体挨冻等,在声闻的解脱道中,彻底地呵责他。当时印度所修的瑜伽以为能完成解脱,佛一概摄于禅定中,如四静虑、四无量、四无色定,皆属于定。这些定,修得再高深些,也不能得证涅槃。假使修此而能了生死,就不需要佛法了。印度外道重定,佛法的特质是慧。要了生死,必得灭除妄想,断尽烦恼,空去我执。有些外道,以为修习瑜伽,一切粗显的心念不生起,甚至一些微细的分别也不生起,这就是了生死而得真我的解脱。依佛法说,内心的妄想分别,由于不能正见世间的一切法真相而来;如不将这错误的认识纠正过来,但以心力将妄想降伏下去,这只能离一分烦恼而得定,根本烦恼还是潜在的。佛法所以能得真解脱,是必将生死的根株断了。生死的根源是什么? 外道所说个人自体的"我",与宇宙本体的"梵",看作常住不变的,安乐自在的,常住不变的小我、大我,都从生死根本的我见中来。必须以慧观察,悟到他是无常、苦、无我(空),才能将生死的根本烦恼解决了。佛法不共外道的地方,在这上明显地表示出来。这如除草一样,外道仅将草头剃去,根还留在地里,有了雨水的滋润,它马上又长起来。佛法的断烦恼草,是从它的根本去断尽了,这才再没有生起的可能。学佛法的,要将错误观念扭转过来,从无常、苦、无我的正见中引发真慧,就必能得到解脱。

现在从声闻乘与人天乘的关系说:

声闻弟子,也有几类的:一、在家弟子:一般人误会学佛的真义,认为学佛就必得出家,不知不但菩萨乘不如此,声闻乘也不如此。由于误会了学佛的意义,所以一味模仿出家的行径,以为是唯一的修学法。释尊创立的佛法——声闻乘法,在家弟子中,如频婆娑罗王、波斯匿王、给孤独长者、质多长者、梨师达多大将,以及一般士、农、工、商,其中证果的很多。声闻弟子不一定要出家的,但能正信正解,修三无漏学即可。戒中,受五戒、八戒——在家弟子的加行戒。精严的苦行,在家弟子是不修的。佛最初在鹿野苑转法轮时,首先即这样说:世间人有二种:(一)纵欲的乐行,专门享受五欲乐,这不是解脱因。(二)苦行,一味的刻苦,这也不是解脱因。佛法,应修中道的不苦不乐行。在家弟子,或务农,或做工,或经商,或治学,或当兵,都是过着在家生活。但与一般在家的不同,即能正信三宝,不耽著于五欲的享乐。白天修作人间正事,晚上或修慈悲喜舍定,或作无常无我观,引发真智。但能由正戒发正慧,不废人间正业,也可了生死,得究竟解脱。如不随顺佛所说的三无漏学修行,即刻苦到不能再苦,祭神念咒,一切毫不相干,反而多作了些冤枉业!在家弟子的声闻乘,显然是依人乘而引入声闻乘法的,即适应一般在家根性的。家事、国事,照常地工作,但依人间正行为基础,而进修三无漏学,即得声闻乘的究竟解脱道。所以,不但大心的菩萨道,声闻乘法也不一定是隐遁到深山旷野里去修行的。

二、出家比丘,又分为二类:(一)无事比丘,即阿兰若比丘。他们欢喜住在阿兰若(寂静处)处,过着隐遁的清苦的独善的生活,专修定慧,生怕世事来扰累他。他们持戒,生活极端清苦,佛法中的十二头陀行,就是这种人常修学的(这本是当时宗教徒的苦行)。有的不住房子,在树下过宿,或者在死人冢间住。穿的是粪扫衣,是从垃圾堆中捡来的碎布,破烂龌龊,用水洗净以后,一块块地缝缀起来。吃,有的懒得乞食,就在山间林下,捡一些可以充饥的吃下。这些无事比丘,是精苦的,出家弟子不一定这样做。这是属于缘觉的根性，如头陀第一的大迦叶说：释尊出世，我随着修学；若不出世，我也是要证觉的。他的厌离世事，重在隐遁苦行，甚至不愿为人说法。这可称为天行为方便的声闻乘。印度外道的天行，专过隐遁、苦行、禅定的生活。无事比丘，就是适应这一类根性。在天行的基础上，引入三无漏学的声闻解脱。无事比丘，与在家的声闻弟子，作风恰好相反。

（二）人间比丘，与上面两类声闻弟子作风都不同。一般出家的，如舍利弗、满慈子、迦旃延、阿难等，他们都勤修三学，少欲知足，一切随缘。不贪求好的，但遇到好的供养品，也不拒绝。如遇到无食无住，或饮食恶劣，住处简陋时，也心安理得地过去。这是人间比丘的生活方式：出家的，过着乞施生活，与在家声闻弟子不同；而大众和合，自修弘法，与隐遁苦行的无事比丘也不相合。人间比丘依律制建立僧团，几十或几百，甚至成千的比丘住在一起，大众依"六和敬"为共住的原则。于合理的团体生活中，修行解脱，这与无事比丘不同。人间比丘的工作，除学习戒、定、慧外，每天托钵化食，到城市或村庄里去，随时为信佛的或未信佛的宣说佛法。这样的游化弘法，使佛法深入民间，以佛法去净化人间。人间比丘，出家而过着大众生活，与社会保持联系，负起教化的责任，释尊也就是过这种生活的。释尊的生活，一切随缘：他常受百味食的供养，但化不到食，也便空着钵回来。有人将洗锅沉淀下来的饭糁恭敬地拿来施佛，佛也照常地欢喜吃下。他也有时树下坐，在给孤独园、鹿子母讲堂等，即安住于高楼大厦中。有时穿粪扫衣，但价值千金的金缕衣，佛也照样地受着。如《中阿含·柔软经》说：佛的随缘受用，一般人都称赞佛为少欲知足。这一类型的人间比丘，为不流于纵欲及苦行的极端者。如大众共住，生活随缘，游行教化，近于一般的人间正行。而过着出家的生活，男女不嫁，澹泊禁欲，又近于天行。声闻的在家弟子，是基于人乘的；无事比丘，是着重天行的；人间比丘，即综合这二者而取折衷的立场。当时的印度，正是隐遁的苦行的时代；释尊虽适应这一特殊的情形，有出家的制度，但声闻解脱道的主流是人间比丘，显然的是基于人乘，而重于持戒及智慧的。

　　基于人天声闻的菩萨乘：大乘菩萨法，也是适应印度众生的根机而施设的。真理虽遍于三世十方，但在时代性的适应上说，佛法、菩萨法，也不能不适应印度当时的根机。佛说人天乘法，以融摄印度一般的正常行。又适应一分隐遁的瑜伽者，施设出世的声闻法。菩萨法，是将此世出世间法统一起来，成为高上而圆满的佛法。大乘法的发扬光大，是佛灭后五百年的时代。初期佛教，声闻是佛弟子的总称，不分大小乘。但印度佛教中，起初也是有菩萨的：一、释迦菩萨，二、弥勒菩萨。释迦未成佛前，是现菩萨身，行菩萨道的。弥勒菩萨发菩提心，现在尚未成佛。照经上说：南印度有十六个青年来见佛，发心从佛修学；其中有名叫弥勒的，发愿成佛，佛为他授当来下生成佛的记别。释迦菩萨、弥勒菩萨，与当时声闻僧的作风相仿佛，同样的现出家相，持戒、乞食。然菩萨有深邃的智慧、广度众生的悲愿。而声闻的智慧浅，悲愿薄，从佛闻法，急于证涅槃果，大有不同。如弥勒菩萨的"不断烦恼，不修禅定"，明显地显出菩萨乘的特色。如从佛的本生、本行去看，就更显著了！本行——释迦佛的传记，详细说明释尊的不忍众生残杀而发心，怎样的慈悲精进，说法度众生等，老病时也还是不休不息。这与一分的声闻弟子相比，急于证果，或者不愿说法，有的宁可挨饿，不愿去人间乞食。从佛的智慧、慈悲、精进去看，与声闻的精神，是怎样的不同！

　　菩萨成佛，要经三大阿僧祇劫修行。往昔因中的修行故事，即名为本生谈。依本生所说，菩萨可分二类：一、在人道中，菩萨每生于无佛法的时代，或为国王、大臣、长者、外道，或经商、做工、打猎，或为航海家、技术师等，大抵以在家身做在家事，而为人类——众生谋福利。关于行菩萨道的重要故事，约有五百则。菩萨行是将自己的一切，头目脑髓，国城象马，随所求而能一切施予的。其中有这样的故事：有人染了癞病，医生说：要用人血与骨髓，才治得好，而且那人是要从来没有嗔恚的。那时的释迦菩萨，为国王的王子。病人来向他乞求，他慈悲心深，随即将自身的血髓施给他。菩萨为了实行救人的宏愿，自身的一切，无不可以施舍。菩萨求法的心，也是热切精诚，哪怕剥皮为纸，刺血为墨，析骨为笔，也欢喜而甘心去做。为了求法，就是舍身为奴，也不感到为难。"朝闻道，夕死可矣"，在菩萨道，充分表示了这伟大的精神！持戒，菩萨把戒看得比身命更重要。不得已，宁舍身命，也不肯毁戒。忍辱、精进、禅定、智慧，没有不勇于修习。大乘法的六波罗蜜、十波罗蜜，就是从本生谈的菩萨行，归纳他的性质而得来。这种难行能行、难忍能忍的坚毅愿力，表现出大乘入世度生的善巧。释尊成道以前，就是这样做的。二、在余趣中，主要在畜类中，本生谈说：菩萨或为鹿王、龙王、象王、孔雀王、小鸟、猴子等。菩萨怎么会堕在畜类呢？古代的传说，鸟兽都与人一样的会说话,从他们的行动中,常表示出极崇高的德行。本生谈中菩萨的示现旁生,即是从旁生的故事中,揭发出菩萨应有的精神。例如:一只小鸟,见到山上树林着了火,它怕那些鸟兽被烧死,飞到水边用翅膀渍水,飞回洒在树林上,一次又一次的不休不息。天帝释见了,怪小鸟太笨,徒然辛苦,无济于事。小鸟回答道:能不能做到是一回事,总要这样尽力做,应该尽可能地援救出山林中的亲戚、朋友。这故事中的小鸟,即释迦佛的前身。这样精进的舍己为人的大悲愿力,真是值得人类称扬与效法。这其中,充满了深刻的教训,理解他的真义,不论鹿象也好,龙蛇也好,菩萨的悲愿大行,人类是应该这样去效法的。如作为事实去解说,这许多鸟兽是菩萨示现的,是菩萨慈悲度生,不惜去受苦的榜样。

本生谈所说的菩萨道,将菩萨为众生为佛法的精神和盘托出,天台家称之为"藏教菩萨"。本生所载的菩萨行,声闻乘者都是相信的。这可见,人身的菩萨,仅少数出家,大都是现在家身的。虽有随类现生的,但现天身、地狱身是少见的。人与象、鹿等旁生,其实都是人间所亲切见闻到的;在古人心境中,人与旁生是非常亲切的。菩萨与一般的差别,是从他的精神和行为而表现出来。他未成佛以前,过去生中这样,现在和未来也还是这样,难行能行,难忍能忍,佛就是修这样的功德圆满而成的。古典本生谈中的菩萨,一、不但在人类,鸟兽中也受生。二、菩萨每出在无佛的时代,或为国王、大臣、长者、居士、外道等。菩萨是杰出的贤者,是极难得的,没有多数的结合成团体,像声闻僧那样组成六和僧团。因为本生谈中的菩萨都是个人的,所以兴起的大乘佛教也始终没有菩萨的集团。菩萨既现身鹿王、龙王、象王等，所以推论到菩萨无处不在，加深了混俗和光、随类拔苦的信仰，而现实人间的菩萨大行，反而被轻视为事六度菩萨。这二点，对印度大乘佛教的影响极为深刻。适应印度众生的根机，佛教极力发扬人间菩萨行。由于个人的，通于异类的，在大乘思想的发展中，拘泥形迹的大乘者，逐渐向唯心的神秘的天乘菩萨行而前进！

　　佛灭后四五百年，大乘佛教勃兴起来。"华严最初三七日"，"法华涅槃（末后）共七年"，传说中的大乘法——经典，佛在世就说好了的。佛法，起初都是佛弟子口口相传；大乘经集出流通的年代，并不算早。大乘经常载着：佛灭四百余年，或后五百年，此经始流通人世，这是大乘法发扬时代的明证。《华严》、《般若》、《大集》等大乘经陆续出世，性质也多少别异。但大体说，大乘法不是从出家比丘的基础而发扬起来的。声闻行者，如上说有三类，但大乘法的昌盛与在家佛弟子有密切关系，这有事例可证的。大乘经说：释迦佛现出家相，是方便（为了适应当时印度外道沙门团）的示现。佛的真身现在家相，有发、戴天冠、佩璎珞，如毗卢遮那就是这样。论到菩萨，如文殊、普贤、观音、善财、维摩等，大多是在家的，出家菩萨是很少见的。大乘法不一定是释迦佛说的，而且多数是菩萨说的。如文殊对于大乘实相，即为菩萨说了不少经典。《华严经》几乎全部是金刚藏菩萨与功德林菩萨等说的。《维摩经》、《般若经》，也多半为佛弟子说。大乘经中，佛是处于印证者的地位；这表示了，大乘法是以在家佛弟子为中心而宏通起来。因为一般在家佛弟子，崇仰佛的出世法,而又处于世间的立场。佛法普遍地传播于民间,由城镇而乡村,由乡村而僻野,人间受到佛法的熏陶,即自然而然的,有以在家佛子为中心的,重视人乘正行——德行,赞仰出世而又积极地入世度生的佛法,发扬广大起来。举例说:一、《华严经》中的《入法界品》,善财童子菩萨是精进求法的模范。所参学的菩萨,初三位(代表三宝)是出家的,以后有的是国王、法官、数学家、航海家、工程师、外道等。学菩萨行,就是追从这一类的菩萨去参学。二、《维摩经·方便品》所说,维摩弘扬大乘法,也以在家为主要对象。婆罗门、刹帝利,或其他阶级的人,应什么机,说什么法。他去谒见国王,就诱导国王以合理的政治;进学校,就教以佛化的教育;甚至酒肆淫舍,也时常听到他的法音。这二位在家菩萨,一是修学的,一是弘扬的,都是以一切人类的正行,融化于佛法而使它更合理化。这一切的人间正行,即是菩萨的广大正行。这不像出家声闻僧的偏于遁世、禅定而不重视慈悲。菩萨法是适应印度的在家弟子,以人乘正行为基础而兴起广大。从大乘修行的法门内容而说,也可以明显地看出来。如:

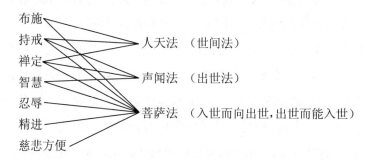

出世的声闻法,不重布施;世间的人天法,不论(胜义)智慧。菩萨法以六波罗蜜为根本,将世出世法综合起来,到达最高

的圆满境地。着重于救世,所以重行肯定布施的价值,赅摄到菩萨道中来。所开示的本生谈,布施都从大悲心来。布施的真义,是牺牲自身的一切:财物、时间、精神等,帮助人或解决人的一切困难。大乘菩萨是入世的,入世即不能不广行布施。又因为菩萨是不忘出世的,所以也重视智慧。以智慧来摄导善行,以布施等来助成智慧出世。菩萨是这样的出世而入世,入世而又出世的。忍辱与精进,声闻乘中也有,但大乘为了自利利他,对忍辱与精进,更为重要,内涵也深广得多。慈悲与方便,是大乘菩萨的特质。菩萨度生,以此二为工具。无论在任何时代,任何环境,菩萨道必以此为要务。大悲是通过智慧的悲心,与仁爱等相近而不同。方便是为了适应,从慈悲而引出的智慧妙用,即善巧化度的方便。从这分析去了解,菩萨法是以人乘正行为基,在出世与入世的统一中,从世间而到达究竟的出世。佛法在印度普遍发扬以后,在家学佛的如风起云涌一般,菩萨法即必然地兴盛起来。

然而,菩萨法的发扬更含有天行的一边。印度的一般民间,重视世间的积极利他,但他们一向在神教的熏陶下,神教——天行的观念也极为普遍。所以佛法普及到一般民间,又为了避免与旧有的神教作无谓的冲突,人间为本的大乘法,日见发展的过程中,也就多少融摄了神教,天行也就逐渐发展起来。我曾说过:出家为主的声闻行,是适应印度苦行的沙门根机。像三迦叶、大迦叶等他们,都是从外道的根机而转化过来。在家为主的菩萨法,是适应印度在家众根性——如婆罗门等。适应在家根性为主的菩萨:一、着重人事;二、倾向天事——神化。大乘经中的菩萨,如维摩、善财等;十六大菩萨中的贤护菩萨,都是此界人间的菩萨。而他方世界的菩萨,释尊说法时,也来随喜听法。此土他方的菩萨,所现的人身也可以说是(高级的)天身,和人的样子一样,而身相要高大庄严些。

印度婆罗门的神教,重祭祀、咒术、苦行。大乘佛教的发扬,有着天乘的融摄,所以这三种也融摄进来。佛法中有类似祭祀的,即供养。供养与祭祀,本是不同的。佛在世,在家信众的供养,如安居期了,以衣服或饮食等来布施结缘;或平常以衣食药品等供僧;或者修福舍、修伽蓝,供养佛与僧众。出家弟子,对于佛及师长,恭敬承事,依法修证,都称为供养。供养本是极平实的,与祭祀无关。但佛灭后即不同了,在家人作福供佛,佛不在世,即立佛像为供养的对象,用香、花、灯、涂、果、乐来供佛;这样的供养,与佛在世受供不同,而有了祭祀的形式。知道佛法的人,知道这不过表示对于三宝的信敬而已。传说佛往别处去,在家的佛弟子思念他,才有优阗王刻旃檀佛像。佛灭后百余年,阿育王造八万四千塔,供奉佛的舍利。这种舍利塔的性质与供佛像一样,可见当时的佛像还不普遍。自此而后,佛像渐渐多起来,佛弟子多留意于塔庙的庄严了。这些事,声闻法中即逐渐发达,到大乘佛教兴起,更加注重起来。塔庙中佛像庄严,除上说的供品而外,还挂着幢、旛、宝盖等供养具。佛弟子在佛前礼拜、唱赞,于佛前忏悔,以宗教的仪式为修行的方法。这些与大乘法相结合,而开拓了佛教的新时代。《法华经》说:“正直舍方便,为说无上道”;“更以异方便,助显第一义”。这意思是说:释迦佛现出家相,而化厌离的声闻根性,说二乘究竟,是方便门;这样的方便,现在要舍除,显出大乘的真义。但不能没有方便,要用特殊的方便法门。大乘新起的异方便,据经上说:即是修塔庙、供庄严具、礼佛、念佛、赞佛等。如说:"若人散乱心,入于塔庙中,一称南无佛,皆共成佛道。"大乘的异方便,是以佛为中心而修礼拜、供养、忏悔、回向、劝请。这即是《十住毗婆沙论》的"易行道";《入法界品》的十大行愿。大乘重于人间的积极救济,又发展为适应一般民间的宗教情绪。以此熏习成深刻纯正的信仰,从此引他发大悲心,修菩萨行。先用方便善巧,教他培福德,长信心,充满了庄严喜乐的情绪,不像声闻乘的重智慧,淡泊精苦。佛法本来是"生天及解脱,自力不由他",等到大乘法发展后,他力加持的思想才逐渐发达。

咒术,是婆罗门天法中所重视的。依龙树说:大乘法中与声闻乘不同的,即是陀罗尼,陀罗尼与咒术有关。初期的大乘经中,有四十二字母,即文字陀罗尼;《华严》、《般若》、《大集经》里都说到它。修文字陀罗尼的,不但持诵四十二字,也可念其中的五字,或十六字,或某一字。八大陀罗尼,是大乘法中常见的。大乘法的文字陀罗尼,也是适应婆罗门根性的。婆罗门修证求解脱,也说:观念于"梵"——梵是一切生灭相不可说而为一切的本体,同时,口念"唵"字。这样的心想口念,如修成就了,就可见真我,得解脱。大乘法的四十二字,以阿字为本。阿是不生不灭义,这即是一切法的本性。唱诵每字,都与阿相应,即观一切入不生不灭的实性。《华严》、《般若》中的文字陀罗尼,观行成就,是可以证入无生法忍的。这是观音声色相而契入法性的,虽还没有说到其他,但与持咒的精神一致。后来,帝释、罗刹、夜又等都说咒护法，逐渐的，一举一动都有咒有印，发展为密宗的修持法。大乘以方便善巧融摄咒术，以佛法净化它；由于佛弟子的久而忘本，佛教化神教，结果反多少被神教化了。初期声闻法，最纯朴。大乘重人间救济，而神化的内容反多了。这由于：一、当时发心学大乘法的，多是一般平民，曾深受印度教的影响。二、婆罗门的天法，当时又重新抬头，演成现今所称的印度教。多少倾向于天乘的大乘法，应时应机，发展出异样的光芒，而反障蔽了大乘的真精神。

苦行的思想，声闻教中，一分遁世者，如十二头陀等，还不失为精严刻苦的正道。大乘法中，无意义的苦行又多少渗杂进来，如烧臂、燃香、舍身等。印度神教的三大特征——祭祀、咒术、苦行，大乘中都显著融摄着。

大乘发扬时代，虽也有出家声闻，但在大乘经中，不是教化的主要根机。大乘经中，大抵弹斥出家的声闻僧，如《维摩经》天女散花，落到菩萨身上就掉下，落到舍利弗身上就粘着，维摩诘长者即说舍利弗的习气没有断尽。大乘经中呵责出家的声闻行者为焦芽败种，为痴犬。而声闻行者，如大迦叶等，也表示自己不是，不应该取证罗汉果，弄得现在不能修菩萨行。或是说声闻行者也曾发过菩萨心，只是忘记了。如《法华经》，即以此而认为声闻的学无学人，都要回小向大，趋向佛道。总之，在大乘佛法的发扬中，声闻不是主要的，反而是依于人菩萨行、天菩萨行而附带地发达起来。等到大乘隆盛了，才发展回小向大，依声闻行果而趋入佛果。

即人成佛为佛教的真义，从上来的应机施教，可以了解人法、天法以及声闻菩萨法的特质。而大乘法的发扬,是从适应于隐遁的天行的声闻行,而转向于入世的人行的菩萨道。虽然菩萨道的发展由于适应一般的民间而通俗化,摄受一分祭祀、咒术、苦行的天行,或加上隐遁、瑜伽,发展为后期佛教的依天乘行果而向佛道,但大乘初起的真义,确是为了适应人类,着重人行,发展为不碍人间正行的解脱。佛法是怎样的重在人间! 对于天法,佛又是怎样的净化它。佛法特色的声闻行与菩萨行,虽一摄人行的根机,一摄天行的根机;而佛化了的人行、天行,都不是一般神教那样。施、戒、禅、慧,都不离于人类的道德,净化身心的体验。从佛出人间的意境中,一重人间,一重佛道。这我们称为人间佛教的,不是神教者的人间行,也不是佛法中的人乘行,是以人间正行而直达菩萨道,行菩萨而不碍人间正行的佛教。从来所说的即世间而出世,出世而不碍世间,今即称为即人而成佛,成佛而不碍为人。成佛,即人的人性的净化与进展,即人格的最高完成。必须确定人间佛教决非同于世间的慈善事业,是从究竟的佛乘中,来看我们人类,应怎样的从人而向于佛道。

(录自《佛在人间》,29—74 页,本版 21—50 页。)

六　人　性

一　人与众生性

　　众生之通性:佛法虽普为一切有情,而真能发菩提心、修菩萨行而成佛果的,唯有人类。如唐裴休的《圆觉经序》说:"真能发趣菩提心者,唯人道为能。"所以虽说众生都是佛法所济度的对象,而唯有人类、有智慧、有悲心、有毅力,最能承受佛法的熏陶。佛出人间,就是人类能受佛法教化的证明。一切众生各有他的特性;人有人的特性,必须了解人在众生中的特胜,以人的特性去学佛,切勿把自己看作完全与(一切)众生相同。

　　同是众生,众生即有众生的通性。今略举三点说:一、依经说:"一切众生皆依食住。"众生生命的延续,必须不断地获得营养。人是这样,鸡、犬、虫、鱼等也无不是这样。佛法说食有四种:(一)段食,像我们煮的饭和吃的菜,都是分成段落吃下,叫段食。(二)触食,六根与境相触,也有延续生命的力量。特别是身体的触——如按摩、运动、洗澡等。(三)思食,即希望。众生要有欲望,才能维持生活。一个人虽是老病相侵,但他总是要想法子活下去,这叫思食。(四)识食,人类的意识,因执著自我(身心),执取自体,所以身心虽坏,而却会生死死生,流转不已。前二种食,属于物质的;后二种食,属于精神的。这是众生赖以维持生命,使生命延续的因素。不但人间具备这四食,鸟兽等也是全有的。思食与识食,为一切众生所必有的,而对于生命的延续,有着最重要的关系。段食与触食,都不过能延续这一生的生命而已。总之,"依食而住",是人类与众生相同的。生存需要营养,但这是要适量的,而且按时不断地补充。如长明灯,要时时添油,时时修净灯心,否则就会熄灭。我们的段食,也是这样,要按时进食,多了会成病,少了就挨饿,不吃即活不下去。这是生存所必要的,而也是麻烦的事。如单靠思识二食能生活下去,这问题比较简单些。可是大部分,特别是人类,要依赖段食才得生活。一切的努力活动,几乎无非是为了解决生活。然物质的营养,不但是人类,畜生等也如此。在人类社会,如不把它当问题处理,社会与人类都是不得平安的。但仅将这问题解决了,不进求人类特性的发挥与完成,这对人类问题的症结,还是不得解决! 人所以被称为人,虽有与众生一样的通性,但又有超越其他众生的特性。太虚大师曾经说:"人类的教育,如专在穿衣吃饭上着想,这是动物教育,与一般动物并无大差别。"这虽似乎说得刻薄,但人的教育,解决人的问题,不能局限于这些,也是确实如此的。

二、"一切众生皆以爱欲而正性命",这是《圆觉经》所说的。爱欲,经文作淫欲。然淫欲实不遍一切众生,非生死根源。人类的绵延不绝,是由男女淫欲的关系,淫欲侧重在人类,可通于欲界(地狱趣亦不通)。如约一切众生说,应该为爱欲。人类有男女性别,才互相配偶,人是由父母的淫欲而生的。从淫欲而生的呱呱堕地的小孩,经说虽不知淫欲为何,而实不断爱欲的随眠(潜力)。到了成年的时期,淫欲即渐渐地发动起来。所以人类把男女婚姻看作传宗接后、成家立业的唯一大事。由淫欲而有生命的出现,这唯有人类与一分动物——鸡犬等是如此。依佛法说,众生的生命不都是由淫欲而有的,如化生,或湿生的一分,不由两性的淫欲,也能现起生命的。照科学家说:有的下等动物,是不分雌雄的,由一体的分裂(为二)作用,就有新的生命延续下去。所以,佛法以为男女欲事为人类与欲界天的特征,一分的鬼、畜也有,而上二界与地狱众生都是不起淫欲的。这样,如说一切众生皆以淫欲而正性命,这是不了义的(可能是译者不好)。究竟地说:一切众生皆以爱欲而正性命。男女的爱欲,为爱欲中的一种,为欲界,尤其是人类极有力的爱欲。一切众生系缚力最强而最根本的,是自我爱。佛说:“爱莫过于己。”人类的一切行为,总是为自己打算;为了自己,甚至不惜用残酷的手段毁灭他人或其他的众生。即使病得非死不可,总还是想活下去。真要死了,更希望死后的存在——佛法名为“后有爱”。佛法肯定生死的根源是爱欲,爱欲即爱著自身,而推动向外取著各种境界(男女淫欲也是一种)的动力。一切众生都为此爱欲系缚得动弹不得,所以在生死海中头出头没。儒书说:“饮食男女,人之大欲存焉。”又说:“食、色,性也。”色即男女欲,性是生来就是这样的。依佛法说,食——饮食,即一切众生皆依食住;色——男女,即一切众生皆以爱欲而正性命。但佛法所说的食与爱,不但饮食男女,这不过但指人类说。这虽是人生的大问题,但决不是人类所独有的,至少大部分众生是相同的。人类与众生,同为这食色——食与爱的强烈束缚,因此而作出种种罪恶,所以有方法——教育、政治、法律等来规范他,以减少一切不必要的罪恶。

三、自我感,也是一切众生所共有的。本来,一切众生都是互有关系的;而构成众生的因素,也是一切法不离一法,一法不离一切法的。可是在缘起的和合中,众生是形成一独立的单位,自他间现出彼此的差别,各成一单元而不断地延续。虽然息息相关,人与人间没有绝对的独立性,而因缘和合所现起的形相,有相对的差别。如水与冰:水本是无分别的,一味相融的;但结成的冰块,就各各不同。这块大,那块小;那块化成水,这块还是坚结的。众生也如此,本来息息相关,相依相存。由于众生的无始蒙昧,不与平等一味相契合,而形成独立的形态。于此因缘和合的相对自体,有自我感,不能了悟无人、无我、无众生的定性。众生一个个的独立形态,佛说是依五众(蕴)和合而生,这五众和合而成的单位,内有复杂性而外似统一。一切众生的自我感,都将自己从一切中分离出来,意解作一独立体,一切问题就层出不穷了。众生都有心——精神活动,因此也就都有自我感。对自己的身心、家属等,能深切地注意爱护他,对他人的却漠不关心。不但人这样,牛羊也是这样,但自我感不能像人那样的明晰罢了! 息息相关,法法缘起,而众生都看作独立性,起真实的自我感,这是众生共同的错觉。佛法中的无我,就专为对治它的。有了自我感,处处以自我为中心,不论是食、是色、是名誉、是权利,都想占有它,使一切供给我,从属我,为我所有。每每只顾到自己的生活，而不问他人的苦乐。强取、豪夺、欺诈、控制、奴役……斫杀斗争，一切的祸患就无可避免了。根本的自我感，佛法称为无明，它可以统为一切烦恼中的根本特性；凡是与真理相反的认识活动，都有无明存在。从这烦恼根本的无明而发展出来，主要的，《阿含经》里说有三类：见、爱、慢。爱，是自我的爱好，人总是爱自己的生命，满意自己，即使真的不好，自己也总是要原谅自己。不但爱现在的，还爱未来的生命。由于自我生存，引发外物——境的爱著。为现在而爱外物，也为未来着想而爱外物。如人为了怕米贵柴荒，即多买些藏在家里。就是雀子、蜜蜂，也为冬天而预先积蓄食物。自我爱与境界爱，是众生相共的。见，是执著，主要是执有确实的自我。依佛说，我是没有真实自性的，只是五蕴和合的假名。但在执有自我的一切众生，却顽固地执有自我的存在。慢，是自我的重视，因此而对他出以轻蔑。这三者，都是自我感中内含的根本特性。至于佛法常说的三毒——贪嗔痴，是由这微细的发现到粗显烦恼。如嗔恚，是由自恃轻他的慢而起，从轻厌他，而嗔恨他。贪，耽恋五欲，都是从爱而来。显著的不知因果、不知善恶等愚痴，皆由于错误的妄见。总之，这一切可泛称为无明，而实为自我感的发展。人类固然有此，一切众生也不能例外。

　　人之众生性：众生有各各的特性，姑且不谈，先说人的众生性。人是众生，有众生的一般特性，虽不是别的众生，也有类似众生的特性。这虽是人类所有，而不是人类特有的人性。众生的种类极多，通常分为五趣：天、人、畜生、饿鬼、地狱。一道以内，更有很多的分类。我们但知地狱的地狱，天国的天国，而不知人间的天国,人间的地狱。其实,在人间,人是有着类似诸趣的性质。有人骂别人为畜生,也许这人没有合乎人性的正轨,而多少带有类似畜生的行为。地狱,是极重恶业所堕落的苦地方,略有二类:一、热地狱,到处猛火洞烧,二、寒地狱,冰雪交加。造了恶业的众生,堕落在这大热大冷的地方,什么都不关心,一直受着这极热极冷的苦迫。此种境界,我们人间也常可见到。或住于极冷处,或住于极酷热处。或由于贫穷,在冰雪的寒天挨冷;在酷热的暑天被逼工作,晒得发昏。这不是人间的少分地狱境界吗?要救众生出地狱苦,就要将这人间活生生受着地狱苦的,加以救助。饿鬼分三:一、没得吃;二、吃最坏的东西来维持生命,永远饿着肚皮;三、受人类的祭祀食,或有或无。这种情形,人间更是遍地都是。特别是遇到旱荒水潦的年头,或者兵火、疫疠,弄得赤地千里,食粮无着,大家在饥饿恐怖的生存线上挣扎过活,这不是人而现成饿鬼一样的情形吗!畜生,是被奴役的,如牛马;被吞食的,如猪羊;被豢养玩弄的,如笼中的小鸟、外国人的哈巴狗;被杀害的,更多更多。这世间的人类,被奴役、被杀害、被玩弄、被吞食,不是到处都是吗!多少人还过着畜生的生活呢!此外,畜生是无惭愧的,父母儿女间,也会淫乱残杀,不知恩情,不知仁义。如人而也如此,即会被呵责为畜生。本论着重在人间佛教,尤其要简别天化的佛教,所以对于传说的天神,应该多说明些。高级的鬼畜,也叫做天。如四天王中,毗楼博叉是龙王,毗沙门是夜叉王。高级的天——欲界空居的与上二界,是没有鬼、畜的。这些鬼畜天,都含有表法的深意。如乾闼婆,他是恋爱的爱神;会弹琵琶,作乐,为诸天的歌神,即音乐神。在

印度神教的传说中,如跳舞、演戏、唱歌,可以生戏乐天,如乾闼
婆一样。那么,在人间醉心于恋爱,醉心于音乐艺术的,如着重
于低级的情欲,即是人而含有乾闼婆的性情了。罗刹,男女不
同:女罗刹是漂亮的,专门诱惑男性,使男性为她而死。男罗刹,
却性情凶劣,形相丑恶,专与人类为难,或使人失心,或攫人而
食。这样的男女,人间岂不很多? 娼妓们,同女罗刹的行为相
仿。那些故意作弄人类、杀人无厌的刽子手,与男罗刹有什么差
别! 夜叉,为诸天所役使的,如人间政府的衙役胥吏一样。在天
上服务的时候,侍候谨慎,一到人间,就肆无忌惮,吃人肉,喝人
血,强迫人间要用活人去祭祀他。这与坏政府下贪官污吏欺压
人民,也并无二样。龙的特性,是脾气坏,暴怒起来,什么也不
管,刮狂风,降暴雨,将人间的一切破坏得一塌糊涂。人间那些
暴君,也是这样的不问人民的死活,一意任性胡为。顶有意思
的,是阿修罗与帝释了。他俩本来是亲戚,阿修罗的女儿,嫁给
帝释。照印度的传说:阿修罗本来住在须弥山顶的,是从前的忉
利天主,后来被天帝释撵走了,阿修罗便住在须弥山脚下的海
边,彼此间结下了怨仇。这等于世间的强国并吞弱国,或新来的
民族驱逐土著而占有他的土地一样。他们是时常作战的,帝释
胜了,将阿修罗的女儿掳来做妻妾;阿修罗也时刻惦念天上的美
满生活,动不动就打上来,想夺回他的原地。这故事,在印度是
有事实背景的。阿修罗有两大毛病:一、疑。帝释有时与他谈和
平,他因为过去的经验,憎厌帝释的狡诈,对他存着绝对不信任
的心理。所以造成猜疑的原因,全是由于仇恨。如德国与法国
一样,两国是不易取得互信而合作的。他猜疑成性,连佛说的也

不相信。佛对他说四谛，他疑佛对帝释说五谛；佛对他说八正道，他又疑佛对帝释说九正道。二、嫉妒。他怀念须弥山的光荣如意，非常嫉妒战胜了他的帝释。由此猜疑与嫉妒，养成好战的心理。帝释与他的特性相反：一、提倡和平，推行正法。帝释是既得利益的保持者，他当然重视和平。将人的领土夺来了，与人谈和平，无怪阿修罗不信任他。他的推行正法，也像治国者的文教治国。二、他是享乐者，与那些天女们盘桓在一起，到了穷奢极侈的享受境地，这如文明成熟而走向靡烂衰落一样。传说他到人间来从佛听法，但一回到天国，什么也忘失了。世间的高贵尊荣者，为享受五欲而没落，对人生崇高的理想、自利利他的事业，也想不起去做了。天、龙、罗刹、夜叉、乾闼婆、阿修罗等，各有他们特殊的性质，都不是人的正性。人的性情，无论近于他们哪一种，就不能使人性得到正常的发展，不能使人性净化而完成。所以修学佛法的，应重视人性的合理化，以人生正行到达人性净化；对于众生通性，或众生所有的特性，应减轻它，扬弃它，使充分发挥人性以进成佛道。

二　人性与佛性

　　人，含有众生性，也含有佛性，而人又有人的特性。关于人的人性、众生性、佛性，先泛说世间一般的相似的见解。一般以为，人有神性，也有兽性，这是浸淫于神教的西洋学者所说。他们认为：人也带着兽性的成分，如人的性格发展到极其残暴酷毒，丧失人性，这与禽兽是没有分别的。基督教的神学说，人可分为三类：一、体，即生理本能的，如纯为肉欲的发展，想到什么就任性地做去，全受肉体的欲望所支配，这是堕落的，与兽性相近。二、灵——神性，上帝赐给人类的灵性，是尽美尽善的。如纯依这灵性而活动，即得主（上帝）的济拔而上生天堂，永生不死。三、魂，上帝将灵性赋与人类，灵性与身体结合而产生的是魂。虽不是纯属于情欲的，但也与神性相隔，这有点近于真妄和合而有的识性。神学的人性分析，以为人类专向肉欲（物质）的方面去追求，必定堕落；向灵性的方面去发展，必能生天。中国的《书经》说到人心与道心，大意是："人心惟危"，人类受了情欲的冲动，想求得肉体的安适，这种物质的贪求不已，可能发生种种的危险。"道心惟微"，微妙难思的道心，就是契合天理的心。中国一向重视这二者的协调综合，"允执厥中"。以道心制人心，不偏向于情欲；以人心合道心，不偏重于理性。到了理学家，也许受了不了义的佛法——真常唯心论的影响，以为"人心即人欲，道心即天理"，而主张去人欲、存天理。

佛法所说的人类特性，不像儒者所说的人心；它是与道心相对，而偏于人欲的。也与神学者的魂不同，它仅是灵与肉的化合物，不免偏向于灵的生活。现在所说的人性，除却与众生类同的人的众生性、与佛类同的人的佛性，而正明人所特胜的人性。人的特性是什么？有的学者说：人是有手的动物，人有两只手，可以做种种事，制造发明，实为人类的特色。有的说：人是唯一会说话的动物，言语能将自己的意思发表出来，使他人了解我的一切，促成了人类文明的互相传习。其他的众生，音声简单，虽有一些音号能传达意思感情，但是模糊不清的。有的说：人是头脑特别发达的动物,所以人的思索力强,鸟兽等的智力不及人类。有的说:人是会用火的动物,将东西煮熟了吃,还能利用热力去发动机器等。其他的众生,非但不能利用火,见火就吓跑了。这些,都是人类与众生不同的,但不一定构成人类的特征。最近报上,见到有生下来没手,而会用自己的两脚,刮胡须、踏钢琴,成一有名的音乐师。他没有手,但还是显出人的特性。哑吧不会说话,但一样的能读书、写字,会做种种事情。至于火,不过是说人类会利用火,并不因为能用火,所以成为人。人的特性,当然从有手、会说话、脑髓大、能用火、能创造器具等中表现出来,但人类根本的特色,不如说是人类的文化生活,非常发达的意识活动。

"佛出人间","人身难得",可显出人在众生中的地位。这在《佛法概论》——人类的特胜中,依佛经所说,人类具有三事,不但超过了鸟、兽、虫、鱼,还超过了天上。三事是:一、忆念(末那沙)胜:末那沙即人的梵语,与末那(意)同语。人能思惟分别一切法,忆念过去,预期未来,认识现在的,都在意识中萦回不已。人类具有这思量的作用,固然能使人作恶,而人类一切优良的知识文化,都是从此而发生出来。在众生中,人的思想最发达。现代学者研究得人的脑部特别发达,与人的丰富的记忆力、思索力等有密切关系,这是人类的特色。脑与思想——色与心——的关系,姑且不论,而人的思想力,确是胜于一切动物以及天神的。末那,能不断地忆持过去,量度未来,思索现在。人类文化的进步,就是从过去积累下来的经验事实,而用以考察现在,推论未来,才发扬起来。忆念思惟,佛法中更应用以启发真实的智慧。依佛法说,"生得慧",众生也有,譬如蜂能酿蜜,蚁能筑巢,蛛能结网,它们不经过教学的过程,便自然的会这样。这生得的智力,即是本能。但人类的生得慧,经过学习发达成高深的智力。其他动物,从加行而起的智力虽也多少有一些,但比起人来是太微渺了。人类于本能的基础上,逐渐地学习,学会各式各样的语言,种种知识,种种技能,这是人类的特点! 如不能善用人类的智力,做起坏事来,比其他众生不知道要超过若干倍。然如能善于应用,那么,能发明一切于人类有益的事物、制度。真能善巧地运用思惟忆念,淘炼杂染的而扩充净善的,经加行慧的熏修,即能引生清净智慧,成为人类学佛不共其他众生的特色。

二、梵行胜:《阿含经》说:"以世间有此——惭愧——二法,与六畜不共。"惭与愧,梵语含义稍不同,而总是连合说的。人能知有父子、师弟、夫妇、亲友等——人类关系。因有此惭愧心,才能建立合宜的人伦关系,不致造成乱伦悖常的现象。如没有惭愧心,像畜生那样的不问父母、兄弟、姊妹,乱搅一顿,相杀相淫,相盗相欺,这成什么世间! 儒家重视"伦常"——家庭本位的道德,虽不免局狭,然确为人类道德的滥觞。伦,次第的意思,人与人间,有着伦次,父子、夫妇、兄弟、朋友等,有着亲疏的关系,各守其位、各得其宜的应有轨律。佛法所说的"法住法位",与之相近。人类的道德,即建立于人与人的关系,从家庭而扩大到种族,扩大到国家,扩大到世界人类。儒者说:"亲亲而仁民,仁民而爱物。"佛法说慈悲心的修习,从亲而中,从中而疏,次第扩展到平等大同的道德。惭愧——道德的发展,应以周遍的扩大到一切众生为理想对象,不能如后代的儒者,局限于家本位的伦常圈子。然在学习实践的过程中,也还要有本末次第。如佛法,即以人间的人类为先。拿杀来说:杀人,为最重的根本大戒;杀畜生与杀人,杀是相同的,但论杀罪就大有轻重了。甚至将鬼神杀死了,罪也没有杀人那样重。我们是人,佛法为人而说,人与人的关系是特别重要的。如学佛而不知重视人与人间的道德,泛说一切众生,这就是不知伦次,不近人情。俗语说:"救人一命,胜造七级浮图",也显出对人的重视! 但有的但知护生,不知首先应护人。这才但知放生——龟、鳖、鱼、虾、蛇、蛙、鸟、雀等动物,千千万万地热心救护它,而眼睁睁地看着那些无衣无食的受灾患病的人类,却不想去救济他们,这即是不知伦次。从人的立场说,应先救人类;这不是轻视众生,而是扩展人类道德应有的伦次。发心应广大,遍为一切众生;而实践应从近处小处做起,扩而充之,以到达遍为一切众生。在人与人的关系中,出家的,如师长、徒属;在家的,如父子、夫妇、兄弟、朋友,都应以惭愧心,履行应行的道德分宜。但这决非孝顺父母,轻欺他人的父母;爱护自己的同属,而排挤另一团体。

惭愧,是从人类应有的关系中,倾向于善的(人或法),拒远于恶的(人或法)。惭愧为道德的意向,倾向于善良;多多亲近善知识,听闻正法,制伏烦恼,都从惭愧而来。要有向善远恶的自觉——惭愧,这才算具足了人的资格。有人说:树也知道倾向光明;狗子也会对主人表示殷勤,负责守护。然人是不同的! 人知道是非、好坏,虽不一定能实行,或者作恶,但即使做了坏事,无意中会觉得不是,心中总不免"良心负疚"。那些杀人放火、无所不为的大恶人,有时也会意识到自己的不是。虽然由于环境的熏染,社会的习惯,使某些不合理的行为,竟也心安理得,不能自愧,但既为人类,这种向善拒恶的自觉——惭愧,仅是多少不同,对象不同,而决非全无的。所以虽为环境等诱惑或逼迫而堕落,但人人有惭愧心现前,而能导使改过自新。有惭愧,所以人是有自觉的德行的众生,他会从尊重真理、尊重自己、尊重大众舆论中,引发惭愧而励行入情入理的德行。其他的众生,从本能所发而不能如此做,所以堕落不深,地狱、畜生、饿鬼,是很少会因作恶而堕落的。人有自觉的道德意识,知惭知愧,也有故意作恶,无惭无愧。所以人——特别是学佛法的,堕落也堕得重,上进也上进得彻底。堕落后可生起向善离恶的力量,悔改自拔,也是人类的特色。有以为:天空的行雁齐齐整整地排成人字或一字,说这是雁的(知序)道德。狗会守门,说是狗的(有义)道德。不知道德是重于自觉的,可以不这样做而觉得非这样做不可,这才是道德的价值——或不道德的。良好的习惯,只可说是道德的成果而已。如天国的良善胜于人间,但这还不免堕落多于胜进,因为自然而然的如此行去,也算不得崇高的德行。所以,如大家都那样地胡作妄为,如了解为颠倒罪恶,那必要立定脚跟,任何苦难都不妨,却决不附和迁就,这才是人性中道德力的高尚表现。德行——即梵行,梵行为清净而非秽恶的行为,这是人类所有的特性。

三、勇猛胜:娑婆世界——堪忍的人类,是最能耐苦的。只要所做的事情自觉得有意义,即使任何艰苦的情况也能忍受,毫不犹豫。“信为欲依,欲为勤依”,欲即愿欲,是企图达成某一目标的希愿；勤即精进，是以积极的行动去努力完成。从愿欲而起精勤，即从内心的想望引发实践的毅力。提起精神去做时，就是刀山火坑在前，也要冒险过去，这种刚健勇猛的毅力，为人类特胜的地方。牛、马，也是能耐苦的。但那是受到人类的控制，颈上架了轭，身上挨着鞭策，这才会忍苦去工作，如没有人管制它，它是会躺在田塍休息的。人类，虽也受有生活的逼迫，但每能出于自发的，觉得自己应这样做的，即奋力去做成。这种愿欲与精进，人类也常是误用而作出惊人的罪恶；然实行菩萨道，难行能行，难忍能忍，即由此勇毅而来。

经上说，人的特胜中，这三者，是众生与诸天所不及的。虽不是尽善尽美的，不如菩萨的清净圆满，但已足以表示出人类特点，人性的尊严。我们既然生得人身，应利用自己的长处，日求上进。

人的特性，众生也多少有些，唯人能充分发挥出来，才叫做人。人性中，也含摄得一分佛性；将这分佛性扩充、净化，即能与佛同等。怎样是佛？概略地说，具足三事：大智、大悲、大雄。佛的特色，正确的普遍的证觉，得大自在，是佛的无上智。佛智，凡是有意识活动的众生，都可说是智慧性。所以经说："凡有心者，皆得作佛。"佛是彻底觉悟了的，众生还迷而不觉（不是一无所知）。人的思想，虽到达忆念思惟，胜于其他众生，但搀杂了许多恶慧——迷谬的倒见。将那恶慧净治了，使净慧充分成长起来，这就能到达圆满的佛慧。佛的大悲，度一切众生，对一切众生起同情心；众生受苦，如自己受苦一样。佛的大悲是从自心中而流露出来的。大悲是佛的德行，德行是依自他关系而尽应分的善行。道德的本身,即是利他的:如由家庭而宗族,由宗族而国家,由国家而世界人类,更扩大到一切众生。人类的德行,还着重于人类——从前是家庭本位的,国家本位的,近来倾向于人类本位的;这是人的德行。净化那私我的偏执,扩大那德行的对象,即从人的德行而发展成佛的德行,大悲即佛德的究竟圆成。又佛有十力、四无所畏,表现出佛的大雄德。赞佛的,也常以师子吼等来赞佛。佛的确是大雄大勇而无畏的,负起普度众生的重担,这是从菩萨的大悲大智、久历生死的修持而成的。我们发菩提心,即愿欲心,这愿欲心即是引发精进心的来源。萨埵,译为有情,其实含有勇猛的意思,用现代话说,即充满了生命力的。经中喻如金刚,是说众生心的志向如金刚般的坚固,一往直前。人类的生命力发展到非常强,能忍劳耐苦,不折不挠,勇猛精进,但还染净错杂而不纯。如能以此充沛的生命力,转化为成佛度生的大愿大精进,一直向前,那么究竟圆成时,即成佛的大雄大力大自在了。佛性是佛的性德,人的佛性,即人类特性中可以引发而向佛的可能性。说人有佛性,如说木中有火性一样,并非木中已有了火光与热力发射出来。据人而说,人性当然还不是佛性,不过可能发展成佛的性德而已。不妨比喻说:一般众生性,如芽;人性如含苞了;修菩萨行而成佛,如开花而结实。不过,众生与人性中,含有一分迷昧的、不净的、系缚的,以迷执的情识为本,所以虽有菩萨性佛性的可能,而终于不能彻底。如现在人的智识是提高了,社会制度,也有好的创立,但坏的也跟着来。有时,好制度,好发明,反成为坏事的工具。每见乡村人都是朴实无华的,一读了书,走进大都市,就变坏了。人性中,常是好的坏的同时发展,这是人还不能摆脱情识为主导的本质。佛法,转染成净,转识为智,要从智本的立场,使一切获得良好的增进。人类学佛,只是依于人的立场,善用人的特性,不碍人间正行,而趋向于佛性的完成。太虚大师的"人成即佛成",即是——"即人成佛"——人的学佛法门。

（录自《佛在人间》,75—98 页,本版 51—66 页。）

七　人间佛教要略

一　论题核心

人·菩萨·佛:从经论去研究,知道人间佛教不但是适应时代的,而且还是契合于佛法真理的。从人而学习菩萨行,由菩萨行修学圆满而成佛——人间佛教,为古代佛教所本有的,现在不过将它的重要理论综合地抽绎出来。所以不是创新,而是将固有的"刮垢磨光"。佛法,只可说发见,不像世间学术的能有所发明。因为佛已圆满证得一切诸法的实相,唯佛是创觉的唯一大师;佛弟子只是依之奉行,温故知新而已。

人间佛教,是整个佛法的重心,关涉到一切圣教。这一论题的核心,就是"人·菩萨·佛"——从人而发心学菩萨行,由学菩萨行而成佛。佛是我们所趋向的目标;学佛,要从学菩萨行开始。菩萨道修学圆满了,即是成佛。如泛说学佛,而不从佛的因行——菩萨道着力做起,怎能达成目的? 等于要做一毕业生,必定要一级一级学习起,次第升进,才能得到毕业。学佛也就是这样,先从凡夫发菩提心,由初学,久学而进入大菩萨地,福慧圆满才成佛。菩萨道重在实行,不单是赞叹仰信究竟的果德就成,而要着重在学习一切菩萨行。平常说菩萨,总是想到文殊、普贤等大菩萨,其实菩萨也有初学的。菩萨道所有经历的过程,可略分三个阶段:一、凡夫菩萨;二、贤圣菩萨;三、佛菩萨。

第三阶段的菩萨,是证得大乘甚深功德,与佛相近似的。《楞伽经》说:"七地是有心,八地无影像;此二名为住,余则我所得。"这是说:八地以上的菩萨,与佛的智证功德相近。《般若经》说第十地名佛地,龙树解说为:如十四夜的月与十五夜的月一样。所以虽还是菩萨地,也就名为佛地。这样的佛地大菩萨,是久修二阿僧祇劫以上所到,如文殊、观音等,初学是不容易学到的。第二阶段的菩萨,是已发菩提心,已登菩萨位,从贤入圣,修大悲大智行,上求下化——这即是三贤到八地的阶位。第一阶位,是新学菩萨,是凡夫身初学发菩提心,学修菩萨行。虽或是外凡夫,或已进为佛法内凡夫,菩萨心行的根柢薄弱,可能还会退失。《起信论》说:信心成就——发菩提心成就,才不退菩萨位而能次第进修。初学发菩提心,学修菩萨行的,是在修学信心的阶段。《仁王经》称此为十善菩萨,也即是十信菩萨。凡夫的初学菩萨法,还没有坚固不退时,都属于此。依经论说:这一阶段,也要修学一万劫呢!新学菩萨,要培养信心、悲心,学习发菩提心;乐闻正法,闻思精进,而着重以十善业为菩萨道的基石。这类菩萨,虽没有什么深定大慧,神通妙用,但能修发菩提心,修集十善行——菩萨戒,精勤佛道,已充分表示出菩萨的面目。这样的力行不息,积集福慧资粮,一旦菩提心成就,就可进入不退菩提心的贤位。

凡夫菩萨：十善，本是人乘的正法。初学菩萨而着重于十善业，即以人身学菩萨道的正宗。太虚大师宣说的"人生佛教"，即着重于此。大师平时，坦白地说：我是凡夫而学修发菩萨心的。以人间凡夫的立场发心学菩萨行，略有两点特征：一、具烦恼身：凡夫是离不了烦恼的，这不能装成圣人模样，开口证悟，闭口解脱，要老老实实地觉得自己有种种烦恼，发心依佛法去调御它，降伏它（慈航法师晚年，发愿离淫欲心，也就是真实的佛子模样）。有人说：如学佛的或出家大德，内心也充满烦恼，这怎能使人皈敬呢！这些人把烦恼看得太轻易了。依《大涅槃经》说：有四依菩萨，可以作为众生的依止（师）。初依，即具足烦恼的初学发心者。初依菩萨，对佛法的根本理趣有相当的正确体认；自己学修菩萨行，也能引导众生来学。他虽没有断除烦恼，但能摄化众生向于烦恼所不染的境地，所以能为大众作依止师。声闻法中也是这样，四果圣者能断烦恼，未断未证的顺解脱分、顺抉择分声闻行者，一样的能住持佛法，教化众生，为人间福田。凡依人身而学发菩提心，学修菩萨行，务要不夸高大，不炫神奇。如忽略凡夫身的烦恼覆蔽，智慧浅狭，一落装腔作势，那么如非增上慢人（自以为然），即是无惭无愧的邪命。依人身学菩萨行，应该循序渐进，起正知见，薄烦恼障，久积福德。久之，自会水到渠成，转染成净。二、悲心增上：初发菩萨心的，必有宏伟超迈的气概。菩萨以利他为重，如还是一般人那样的急于了生死，对利他事业漠不关心，那无论他的信心怎样坚固，行持怎样精进，决非菩萨种姓。专重信愿，与一般神教相近。专重修证，必定堕落小乘。初发菩提心的，除正信正见以外，力行十善的利他事业,以护持佛法、度众生为重。经上说:"未能自度先度他,菩萨是故初发心。"应以这样的圣训时常激励自己,向菩萨道前进。

有的人因误解而生疑难:行十善,与人天乘有什么差别? 这二者,是大大不同的。这里所说的人间佛教,是菩萨道,具足正信正见,以慈悲利他为先。学发菩提心的,胜解一切法——身心、自他、依正,都是辗转的缘起法;了知自他相依,而性相毕竟空。依据即空而有的缘起慧,引起平等普利一切的利他悲愿,广行十善,积集资粮。这与人乘法着重于偏狭的家庭,为自己的人天福报而修持,是根本不同的。初学发菩提心的,了知世间是缘起的,一切众生从无始以来,互为六亲眷属。一切人类,于自己都辗转依存,有恩有德,所以修不杀不盗等十善行。即此人间正行化成悲智相应的菩萨法门,与自私的人天果报完全不同。这样的人间佛教,是大乘道,从人间正行去修集菩萨行的大乘道;所以菩萨法不碍人生正行,而人生正行即是菩萨法门。以凡夫身来学菩萨行,向于佛道的,不会标榜神奇,也不会矜夸玄妙,而从平实稳健处着手做起。一切佛菩萨,都由此道修学而成。修学这样的人本大乘法,如久修利根,不离此人间正行,自会超证直入;如一般初学的,循此修学,保证能不失人身,不碍大乘,这是唯一有利而没有险曲的大道!

二　理论原则

法与律的合一:印度大乘法的流布,受有本生谈的影响,菩萨都是独往独来的,所以大乘法着重于入世利生,而略带特出的伟人的倾向,不大重视有组织的集团,这也许是大乘法晚期衰变的主因。然大乘经说:菩萨常与无数菩萨俱。依龙树说,"俱",就是有组织的集合。原来,释尊所创建的根本佛教,包含着两个内容:一、法;二、律。"导之以法,齐之以律",这二者的相应协调,才是佛教的整体。法,是开示宇宙人生的真实事理,教人如何发心修学,成就智慧,圆成道果。法是重于显正,重于学者的修证。律又有二类:(一)止持,是不道德行为的禁止。(二)作持,是僧团中种种事项的作法,把这类事分类编集起来,称为犍度(聚)。出家的声闻比丘,特别是人间比丘,过着集团的生活。修行、居住、饮食、衣着,以及有关教团的事务,大家都是在一起,依律制而行的。佛世的出家弟子有团体的组织,于集团中自利利他。但当时的在家弟子,佛只开示他们应怎样的信解修行(也有戒律),却没有组织的团体。古代的政治,不容许在家众做有组织的活动。如孔门弟子,也是没有固定团体的。但在佛法的流行中,显然的重法而轻律。如声闻乘的经(《阿含》)与律,约为四与一之比。而在大乘法中,大乘经有几千卷(传来中国的),律典却等于没有。即有小部的,也还是附属于经中。虽然说,律是佛制的,只可依着奉行,但律是世间悉檀,更着重于时地人的适应呢!一分重律的,拘于古制,不知通变;而一分学者,索性轻律而不谈。有些人,但知发心,而不知僧团有什么大用。不知自动发大心的,自尊自勉,是难得的上根。一般中下根性,虽也要自己发心向上,但如有良好团体教育他、范围他、劝勉他,实在是策令向上的无上方便。如佛世的声闻出家行者,虽也有动机不纯正的,烦恼极重的,但一出了家,以经法开示他,以戒律调伏他,在大众的摄导与折伏下,利根的当然迅速地了生脱死,钝根的也可以渐趋涅槃。用集团力量来规范自己的行为,净化内心的烦恼,是根本佛教的特色。后代学者而尊律的,但知过午不食,手不捉持金钱,而大都漠视僧团的真义。一分重禅的——近于隐遁瑜伽的,或以佛法为思辨的论师,都轻视律制。不知佛法的流行于世间与世间悉檀的律制,有着最密切的关系。律的不得人重视,为佛法发达中的一大损失。所以,人间佛教必须本着佛教的古义,重视法与律的合一原则。出家的佛教,如忽视僧团的律制,必发生乱七八糟的现象,无法健全清净。时代与过去不同了,现在的在家学众也有了团体的组织,但少能注意到佛教团体的特色,只是模仿一般社团的组织形式,也还是不够的。无论是弘扬佛法,或修学佛法,只要是在人间,尤其是现代,集团的组织是极其重要的。人间佛教,以人生正行修菩萨道,要把握这法律并重,恢复佛教固有的精神。切勿陷于传统的作风,但知真参实悟,但知博究精研,于毗奈耶——律的原理法则,不能尊重。现代修学菩萨行的,必须纠正这种态度,法律兼重,来契合佛法的正宗。

　　缘起与空的统一:法律并重,是初期佛教的精髓。缘起与空,是中期大乘的特色。缘起与缘起性空寂,《阿含经》已有说到,而且是作为佛法的特质、菩萨道的特质的。但由于适应当时的一般根性——着重个人解脱,所以对缘起性空的中道,仅是要约的开示,而还没有广博的开演出来。到了佛灭后四五百年,在大众及分别说系的化区中兴起的大乘佛教,才使缘起性空的中道彻底地阐发无遗。世间的一切事相：人物虫鱼，山河大地，草木丛林，什么都各有它的特殊体性、形态、作用。这一切的一切，都是从缘所生的法相，一切依因缘和合而幻现。这幻现的缘生法，表现出它的无限差别相。个人的生死与解脱，道德的行为，世道的治乱，一切无非缘起。世间的宗教者、哲学者，不能彻底正解缘起性空的中道义，都在寻求宇宙最后的或最先的实体，倾向到本体论、形而上的神秘领域。佛所创觉的正法否定它，因为一切是缘起的，所以一切是性空——无自性的，"一切法不生不灭，本来涅槃"。事相与理性，如花的表与里一样，形与影一样，有表即有里，有形即有影。一切法也是这样，不能离相觅性，也决非从性体而生事相。从性空看，一切是泯然一如的。从缘有看，因为缘起，所以性空；性空，这才所以从缘起。学佛的，有的偏重于事，着重法相的差别，于空平等性不信不解，或者轻视它。这种见解，是不能与出世的佛法，尤其是与大乘法相应的，不能成就菩萨道。又有些人，执著本性、空理，醉心于理性的思惟或参证，而不重视法相，不重视佛法在人间的应有正行，这就是执理废事。唯有依据缘起性空，建立"二谛无碍"的中观，才能符合佛法的正宗。缘起不碍性空，性空不碍缘起；非但不相碍，而且是相依相成。世出世法的融摄统一，即人事以成佛道，非本此正观不可。既不偏此，又不偏彼，法性与法相并重，互相依成，互相推进，而达于现空无碍的中道。但这是说易行难，初学者在处事契理的学程中，每每是不偏于此，便是偏彼。但能以此现空无碍的正观为思想基础，从一切三业行持中去实习体会，随时纠正，终可以归向中道。然这里是说，学发菩萨心，学修菩萨行，应以佛的正见为本,不是封锁在宗派的圈子里,将后代的法性宗与法相宗作勉强的合一。在中道正见的根本上,与经论不相违背的,契理而契机的,融摄而冶化一番,抉择出人间佛教的正义。所以,这是超越宗派的,归宗于佛本的。然还有应该注意的:缘起与性空的统一,它的出发点是缘起,是缘起的众生,尤其是人本的立场。因为,如泛说一切缘起,每落于宇宙论的,容易离开众生为本的佛法;如泛说一切众生,即不能把握"佛出人间"、"即人成佛"的精义。

自利与利他的合一:世间的凡夫,不能有纯粹的利他,一切都是从自己打算而来。专为私我打算,结果也不能有真正的自利。然在佛法中,声闻乘重在断烦恼、了生死,着重于自己身心的调治,称为自利。这在离系缚、得解脱的立场来说,是不可非难的。声闻乘着重身心的调伏,对人处事,决不专为私利而损他的。声闻贤圣,一样的持戒、爱物、教化众生,这与凡夫的自私自利根本不同。大乘指斥他们为小乘自利,是说他过分着重自心烦恼的调伏,而忽略了积极的利他,不是说他有自私的损人行为。大乘道也不是不重视身心的调治(自利),只是着重利他,使自利行在利他行的进程中完成,达到自利利他的统一。凡夫学大乘道,以大悲心为动力,以普度众生的悲心来广学一切。经上说:"菩提所缘,缘苦众生。"众生受无量苦,菩萨起无量悲行,所以大乘道是"以大悲为上首"的。然发心利他,并不忽略自己身心的调治,否则"未能自度,焉能度人"!如不解不行,不修不得佛法,既无智慧,又无能力,那怎能利他呢!所以为了要度一切众生,一定要广学一切——戒定慧三学、六波罗蜜等。如出发于悲心，那么深山修禅、结七、掩关，也都是为了造就救度众生的能力。所以菩萨的修学与小乘的出发于自利不同，一切是为了利他。如为众生、为人群服务，做种种事业，说种种法门，任劳任怨，舍己利人，是直接的利他。修禅定、学经法等，是间接的利他。菩萨是一切为了利他，所以对身内的、身外的一切，不把它看作一己私有的，一切功德回向众生，就是得了优越的果报，也愿与大众共其利益。老子所说的"为而不恃，功成不居"，就与大乘的心行相近。事情做好了，不当作自己的；功德成就了，推向大众去。功德的回向一切众生，便是大乘利他精神的表现。

菩萨的自利，从利他中得来，一切与利他行相应。如持戒，即不妨害众生；习定而修慧发通，可以知根机而化济众生。大乘道的自利，不碍利他，反而从利他中去完成。说到大乘道的自利利他，也不一定是艰难广大的，随分随力的小事也一样是二利的实践，只看你用心如何！如这块小园地，执著为我所有的，我栽花，我种树，我食用果实，这就是自私的行为。即使是物物交换，社会得其利益，也算不得真正的利他。大乘行者就不同了，不问这株树栽下去，要多少年才开花，多少年才结果；不问自己是否老了，是否能享受它的花果；也不为自己的儿孙打算，或自己的徒弟着想。总之，如地而有空余的，树而于人有益的——花可以供人欣赏，枝叶可以乘凉，果可以供人摘了吃；或可以做药，或可以做建材，那就去栽植它。但问是否于人有益，不为自己着想，这便是菩萨行了。行菩萨道的，出发于利他，使利他的观念与行为逐渐扩大，不局限于个人、一家、一乡等。凡是于众生、于人类有利益的，不但能增长自己未来的功德果报，现生也能得社会的报酬。如上所说的小小利他功德,还能得现生与未来的自利,何况能提高向佛道的精进,扩大利他的事业,为众生的究竟离苦得乐而修学呢! 所以凡不为自己着想,存着利他的悲心,而做有利众生的事,就是实践菩萨行,趣向佛果了。自利利他,同时成就。

三　时代倾向

佛法是应该契机的(不是迎合低级趣味),了解现代中国人的动向,适应他,化导他,为以佛法济世的重要一着。现代中国人的动向,约有三点:

青年时代:这一时代,少壮的青年渐演变为社会的领导中心。四五十年前,城市与乡村里,总是四十以上、五六十岁的老前辈——士绅、族长等为领导者,他们的地位优越,讲话有力量。年纪大些,品德高些,或者做过官,如相信了佛教,一般人都跟着信仰,佛教顺利地传开了,也就得到有力的护持。现在逐渐变了,老前辈不能发生决定作用,优越的发言权、影响力,渐由年轻的少壮取而代之。所以,如佛法不再重视适应青年根性,那非但不能进一步地发扬,且还有被毁谤与摧残的危险。中国佛教,一向重玄理、重证悟、重(死后)往生,与老年的心境特别契合。尤其是唐、宋以后,山林气息格外浓厚。好在从前,青年们总是以家长的信仰为信仰,至少不致过分地反对。可是到了近代,少壮的力量强化;加上西洋神教徒的恶意破坏,物质科学的偏颇发展,佛教受到了重大的危害(其实,中国固有文化都被破坏了)。上一代的逐渐过去,后起的青年们除少数信仰神教外,大抵为非宗教的或反宗教的唯物论者。真诚信佛法的,数量太少,这是近代中国佛教的大危机。前些时,如国府主席林森、司法院长居正、考试院长戴季陶等,都是诚信佛教的。但由于军政党学的组织中多数是少壮的,而这些人又大多数是对佛教无认识、无信仰,或者印象不佳,这所以不能开展出佛教昌隆的机运,而时有被摧残的事实。从前说"英雄到老都学佛",这些不可一世的风云人物,老来还是要皈信佛教,这毕竟是佛教的感召力大! 但从另一面看:为什么当他们年轻有为的时候,在政治、军事——社会上发生力量时,不以佛法去摄受他,使他更能以佛教精神去利人利世? 一定要等到"来日无多",才想到皈依佛门,忏悔前愆。这不完全是佛教的光荣,而包含着佛教忽视青年的一种缺点。当然,这不是说老年人不需要学佛,而是说应该重视于青年的皈信。

"了生死",青年人是不大容易领会的。青年的血气旺,意志强,意欲如海浪般奔腾澎湃,不大能警觉到生死这回事。所以如专以"了生死"为教,是不容易获得青年的信受。可是学菩萨法,着重于六度、四摄、四无量心,发心普利一切众生,就与青年的心境相近。中国虽素称大乘教区,而行持却倾向于小乘,急急地了生死,求禅悟(虚大师称之为:思想是大乘,行为是小乘),结果青年与佛教,愈隔愈远。反之,锡兰、暹罗、缅甸等佛教国,虽说是小乘教,而青年人都学习佛法。他们并不开始就学了生死,而是皈依三宝,深信因果,增进向上,主要是修学不碍出世的人乘。所以推进适应时代的中国佛教,不宜因循于过去,而应该随时记着:青年人愈来愈处于重要的地位了。中国佛教如不以适应青年的法门引导他们来学佛,等于自愿走向没落。弘扬人间佛教,摄化的当机应以青年为主。了生死,当然还是佛法的一大事,但修学大乘,要以"利他为先"。适应广大的青年群,人菩萨为本的大乘法,是唯一契机的了!《佛藏经》说:耆老们但知保守琐碎的教条,偏于自利,不能住持佛法。亏了少数青年,才将大法传弘下来。过去如此,未来也一定如此,青年众来发心修学,才是发扬真正大乘的因素。如大乘法中的文殊、善财、常啼等,都是现青年身,发广大心,勇猛精进,学不厌,教不倦。他们自身现青年相,也欢喜摄引青年学佛;这不是菩萨偏心,而是青年人具足了适宜于修学大乘的条件。人间佛教的动向,主要是培养青年人的信心,发心修菩萨行。如不能养成人间的菩萨风气,依旧着重少数人的急证,或多数而偏于消极的信仰,那对于中国佛教的前途,光明是太微茫了!将来世局好转,世界佛教区的来往容易了,大家不妨到锡兰、暹罗、缅甸、日本去,看看他们是怎样的重视青年和适应他,用作我们弘扬人间佛教——大乘佛教的参考。

处世时代:现代的又一倾向,是处世的。佛法中,人天乘是恋世的,耽恋着世间欲乐,没有出世解脱的意向。小乘与人天法相反,视"三界如牢狱,生死如冤家",急切地发厌离心,求证解脱。出世,不是到另一世界去,是出三界烦恼,不再受烦恼所系缚,得大自在的意思。佛说小乘出世法,是适应隐遁与苦行根性的。出世总比恋世好,不会因贪恋世间的物欲、权力,将大地搅得血腥薰人。至少能不贪、不嗔,养成社会上淳朴恬淡的风气。大乘菩萨可不同了,菩萨是出世而又入世,所谓"以出世精神,做入世事业"。大乘法中,在家菩萨占绝大多数。在家菩萨常在通都大邑,人烟稠密的地方,利益众生,弘通佛法。如《华严经·入法界品》、《维摩诘经》、菩萨《本生谈》,都显著地记载那些在家菩萨在社会上现身说法的种种情形。大乘菩萨道的伟大,全从入世精神中表达出来。菩萨为大悲愿力所激发,抱着跳火坑、入地狱、救济众生的坚强志愿。与人天的恋世不同,与小乘的出世也不相同。菩萨入世的作风,在现代恋世的常人看来,非常亲切,要比二乘的自了出世好得多! 近代由于物质文明的发达,由"纵我制物"而发展到"徇物制我",迷恋世间物欲的风气特别强,压倒了少欲知足、恬澹静退的人生观。此时而以人天法来教化,等于以水洗水,永无出路。如以小乘法来教化,又是格格不入。唯有大乘法——以出世心来做入世事,同时就从入世法中摄化众生向出世,做到出世与入世的无碍。菩萨行的深入人间各阶层,表显了菩萨的伟大,出世又入世,崇高又平常。也就因此,什么人都可渐次修学,上求佛道。

时代倾向于恋世,唯有大乘的入世,才能吻合现代的根机,引发广泛的同情,而渐化贪嗔的毒根。同时,现代也不容许佛徒的隐遁了。从前天下大乱,可以到深山去,辟土开荒,生活维持下去,佛法也就延续下去。如山西的五台山、陕西的终南山,每逢乱世,出家人都前往避乱专修。现在的情形不同,不但不同情你的遁世,就是隐入深山,也会被迫而不得不出来。城市与山林,将来并无多大差别。隐遁山林的佛教,是一天天不行了。其实,佛教本来是在人间的,佛与弟子不是经常地"游化人间"吗? 大乘是适合人类的特法,只要有人住的地方,不问都会、市镇、乡村,修菩萨行的,就应该到处去做种种利人事业,传播大乘法音。在不离世事、不离众生的情况下,净化自己,觉悟自己。山林气息浓厚的佛教,现代是不相应的。应把这种习气纠正过来,养成不离世间的大乘胸襟,决不宜再走隐遁遗世的路子。中国佛教的崇尚山林,受了印度佛教中一分苦行瑜伽僧的影响,到中国来,又与老、庄的隐退思想相融合,这才使二千年来的中国佛教,与人间的关系,总嫌不够紧密。现在到了紧要关头,是不能不回头恢复佛教的真精神,深入人间的时候了!

　　集体时代:在"法与毗奈耶"里,已说到佛教团体生活的要义。佛教本来是重视团体生活的,现代社会也倾向于此。不但政治重组织,就是农工商学等也都组织自己的集团——工会、商会、农会等。佛法是应该适应时代的,时代已进向集体组织,佛法也就该更着重于此。民国以来,出家(在家)的组织佛教会,在家的创立正信会、居士林等,可说都与此时代风尚相合。佛教会的成立,起初是重在对外,遇到利用政治或地方恶势力想侵凌摧残佛教,就运用此团体来抵抗护持。然佛教的团体组合,不专是为了对外;对于自身的分子健全、组织严密,实有更重要的意义。学佛的主要目的,在自利利他。照佛说毗奈耶所指示,要生活在团体中,才能真实地自利利他。就是自利的断烦恼、了生死,依团体的力量,也是更为容易。这在一般看来,也许觉得希奇! 不知学佛的进入佛教团体,过着有规律的生活,行住坐卧,语默动静,一切都不能违反大众共守的制度。因为佛教的集体生活有着三项特色:互相教授教诫,互相慰勉,互相警策。佛弟子住在一起,关于法义,是互相切磋、问难。你会的讲给我听,我会的讲给你听。当然,精通三藏的上座们,是更负起住持正法、引导修学的义务。如有意见不合,或有不合佛法的见解,由大众集会来议定,将错误的见解纠正过来。初学的或者心起烦恼,想退失道心,就用柔软语安慰他,勉励他,帮助他的信心坚定起来,努力向上。如有性情放逸,不专心佛法的,就用痛切语警策他。犯了戒,一定要亲向大众求忏悔。知道他犯罪,大家有警策他、教他忏悔的义务。这种集体生活,充满着大众教育的意味。所以佛在世时,虽有发心不纯正的,但一经出家,在团体中锻炼一番,也能引发真心,用功办道,了脱生死。这种集体生活的精神,古代的禅宗很有些类似。如在禅室中放逸昏沉,供养他几香板。如参禅不能得力,向和尚及班首们请开示。因有教授教诫、慰勉警策的精神,所以禅宗能陶贤铸圣,延续了中国佛教一千年的慧命。佛教的集体生活,不只是生活在一起,上殿过堂就算了,不只是注重表面的秩序,而是在同一生活中,引导大众走上正常而向上的境地。这样的集团生活,自能发生真正的力量。

佛教僧团,可说是自我教育、大众教育的道场。僧团与学校不一样,学校只是老师教学生,僧团是进一步的互相教授教诫。依佛说:上座而不发心教导新学比丘,是没有慈悲,违犯上座的法规。教授、教诫、慰勉、警策,是佛教集团的真精神。这样的相互教育,可实现在团体中的自由;而每人的真自由,即佛法所说的解脱。依律说:在僧团中,一切是公开的,真能做到"无事不可对人言"。做错了,有大众检举,自己也就非忏悔不可。这样的集团生活,做到"知过必改",人人向上,和乐共处,养成光风霁月的胸襟,清净庄严的品格。净化自己,健全佛教,发扬正法,一切都从此中实现出来。近代组织的佛教会,对于健全僧品、发扬佛教,一时还不能发生力量。如外面由于时代的需要,内部尊重佛教的精神,复兴佛教的集团生活,相信不但能健全佛教,佛教也必迅速地发皇起来。因为,大众和乐,僧品清净,在有组织的集团中,不会因内部的矛盾冲突而对消自己的力量。在和谐一致的情形下,信心与热忱增强,大家能分工合作,充分发展为教的力量。过去,由于隐遁的、个人的思想泛滥,佛教的集团精神受到了漠视,这才使佛教散漫得沙砾一样。现在社会已进入集团组织的时代,为了发扬人间佛教,要赶快将集团的精神恢复起来!

四　修持心要

学佛,是离不了修持的。持是受持,是"择善而固执之"的意思。修是熏修,是依着受持的佛法去学习。照中文的训释,如修身、修理等,修有改正的意思。依佛法,修是熏发义;由于学习,能熏发现在与未来的善根,叫做修。说起修持,有的总以为要摆脱一切事务,这是与大乘不相应的修行! 大乘法门,如布施、持戒、爱语、利行、同事、习定、修慧、念佛、供养、忏悔等,凡是学习自利利他的,培养福德智慧的,都是修行,决无离弃世间善行的道理。依人间善法而进修菩萨行,依一切大乘经论,特拈出三字为中心:

信——愿·精进

智——定·方便

悲——施·戒·忍

信为修学佛法的第一要着，没有信，一切佛法的功德不生。如树木的有根才能生长，无根即不能生长一样。智是解脱生死的根本，断烦恼、悟真理，都是非智慧不可。小乘法重视这信与智，而大乘法门格外重视慈悲。因为菩萨行以利济众生为先，如悲心不够，大乘功德是不会成就的，可能会堕落小乘。

经上说："信为欲依，欲为勤依。"有了坚固的信心，即会有强烈的愿欲，也一定有实行善法的精进。这三者是相关联的，而根本是信心。如有人说某某法门最好，非此不了生死（如认为此外也有可以了生死的，那不行就不一定是不信），但并没有真实修持，这证明他并无信心，因为他没有起愿欲，发精进。如人生了重病，病到临近死亡边缘，听说什么药可以治，如病人真有信心，那他会不惜一切以求得此药的。如不求不服，那他对此药是并无信心的。所以愿与精进，依信心为基础，可说有信即有愿有勤行，无信即无愿无勤行的。智慧，可以摄定，深智是离不了定的。依定修慧，定是慧的基础。有了智慧，一切善巧方便都逐渐成就了。悲，是利他的动力。如损己利人的布施，节己和众的持戒，制己恕他的安忍，都是悲心的表现。依人乘行而学菩萨道，此三法即摄得六度四摄一切法门。启发信心，引生智慧，长养慈悲，实在是大乘道的根本法门！

信是信三宝、信四谛，凡是能增长信心的事情和言教，应多多去学习。依大乘经论所说，初学大乘法，首先要起发信心。这如念佛（菩萨）、礼佛（菩萨）、赞佛（菩萨）、随喜、供养、忏悔、劝请等，都是摄导初学、长养信心的善巧方便。见贤思齐，为人类向上的摄引力。孔子服膺西周的政治，时刻在念，连梦里都常见周公。学佛的要成佛作祖,当然要时时恭敬礼念诸佛菩萨,念佛、念法、念僧。能时时系念三宝,学佛成佛的信心,自然会成就。佛弟子在梦中定中见佛见菩萨,也就是信心深固的明证。同时,有真实信心的,一定是了解佛法的。了解佛法,才会确信非佛法不能利济自他。有悲心,大乘信才得坚固,这是依人法而修菩萨所必要的。如有悲与慧为助缘,信心培养得深厚坚固了,就能生起坚强的愿力,不问如何艰难,一定要学佛法,也一定要护持佛教。孔子说:"民无信不立",世事尚要依信心而成就,何况修学即世间而出世间的佛法? 为了自悟悟他,非学智慧不可。对于经论的义理,非要理解个透彻。但是慧学的阅读经论、听闻开示,只是慧学的资粮。主要是于佛法起正知见,了解佛法的真了义,依着进一步的思惟修习,引发甚深的智慧。这是为了学佛,不是为了做一佛教的学者。说到悲心,本来什么人都有一点。如儒家的仁、耶教的爱,只是不够广大,不够清净。佛法的四无量心——慈、悲、喜、舍,就是要扩充此心到无量无边,普被一切。初发大乘菩提心的,可从浅近处做起,时常想起众生的苦处,激发自己的悲心。儒家有"见其生不忍见其死,闻其声不忍食其肉",是从恻隐心中流出。大乘法制断肉食,彻底得多,但也是为了长养慈悲心种。由此养成悲悯众生的同情,才能发扬广大,实践救济众生的事业。总之,如能着重启发信心,引生正智,长养慈悲,大乘圣胎也就渐渐具足,从凡入圣了!

信——庄严净土

智——清净身心

悲——成熟有情

信、智、悲三法,如学习成就,就是菩萨事业的主要内容。信
(愿)能庄严净土,这或是往生他方净土,或是庄严创造净土,如
法藏比丘。这都是由于深信佛身佛土功德,发愿积集功德而成。
智能清净身心,悟真理时,断一切烦恼。得了正智,自然能身口
意三业清净,举措如法。悲能成熟有情,即是实施救济事业。菩
萨的方便摄化,或以衣食等物质来救济;或在政治上,施行良好
政治,使人类享受丰富自由的幸福。十善以上菩萨,每现国王
身,如大乘经所说的十王大业。但菩萨的救度有情,重在激发人
类向上的善心,循正道而向乐果。所以如有人天善根的,就以人
天法来化导他。如有二乘善根的,以二乘法来度脱他。有佛种
性的,就以大乘法来摄化,使他学菩萨行,趋向佛果。这些,都是
菩萨悲心悲行所成就。菩萨道的三大事,就从起信心、生正智、
长大悲的三德中来。所以,由人菩萨而发心的大乘,应把握这三
者为修持心要,要紧是平衡的发展。切勿偏于信愿,偏于智证,
或者偏于慈善心行,做点慈善事业,就自以为菩萨行。真正的菩
萨道,此三德是不可偏废的!

(录自《佛在人间》,99—126 页,本版 67—85 页。)

八 从人到成佛之路

——在马尼拉大乘信愿寺讲

一 学佛即向佛学习

关于从人到成佛的路，先得认识自己是人。由人来学佛，应该学些什么？要怎样学？现在只能讲一些重要的、浅显的初步，使大家知道从人到成佛的关要。

佛法应从两方面去了解：一方面是究竟理想、最高目的——成佛。另方面，因人的程度参差不齐，所以有种种方便法门，不同的修行方法，但最后终归是成佛。这好像我们所走的路，有的平坦，有的高低不平，有的迂曲，有的直截了当，但如认清最后目标，还是"条条大路通长安"。今天所要讲的，是从人到佛的路，直捷平坦的路；依此行去，不但稳当，又容易到达。

学佛，就是向佛学习，以佛为我们的模范而学。佛是怎样修学而成的，我们也这样照着学。所以真正的学佛是：

一、不但为后世的福乐而学。修行布施等功德，希望来生能比现在更好，这在佛法中，名为以"增进心"而学，目的在求来生的福乐果报,如生天国等。这只是佛法的方便法门,不是以佛为理想而学。这并不是说,学佛的不求来生的增进;在没有成佛以前,当然希望能生于人天中,但这不是学佛的目的。大家要以成佛为目的,如真能依法做去,一定能得到的,只要我们有高超远大的理想,与切实地遵行。

为什么生人生天不够呢? 因为不彻底、不究竟。生人间,财富、金钱、寿命、地位、人事,都在变化无常中,不彻底、不圆满。说生天吧,就是帝释天(近于玉皇大帝)、大梵天(近于希伯来的耶和华),也还是不圆满,还是在变化中,还是会堕落的。相信耶和华上帝的,一定不同意这个见解,其实耶和华是不彻底的。以大梵天王为例吧,他说:万物与人类,是他创造,从他而生的。我们要问:天地未创造以前是否有天地? 人类未生以前是否有人类? 假使是没有,那为什么要创出天地与人类呢? 婆罗门教就有一种解说:“为了戏乐。”这是说,为了表示自我的自在(自由)、自我的满足,所以从此而引生一切。这像一所新房子空洞而没有什么,觉得空虚而不满意,就得买家具花瓶等等来装饰一下。所以,如说神能创生人类万物,这只是表示他的“不甘寂寞”,显示他内心的空虚,内心还有问题,不能无事。如人在繁忙的时候,会感觉到麻烦,希望能独自地安安静静休息。可是真的给他幽静的安息,又会感到空虚,又要出来眺望,静极思动。为了自我的自由与满足,要天地男女万物,弄到无边苦痛,真是自找麻烦。所以,凡是内心有不足而有所要求的,就表示内心有问题,不彻底。学佛的说到修行了生死,不但要在万人喧嚣处安住而无所不足,还要能于无人处自静其心,做到名符其实的“无事道人"。神教所想像的神，还有要求，不能心安，便是要堕落的主要理由，所以我们不能以此为正确的路子。

二、不但为自身解脱而学。人间、天上，一切都不是彻底的，所以要了生死，超出人天三界。但这还只是为自己解脱而学佛，是狭小的路，是迂曲的路。佛法当然要了生死，但应注意到自利利他。小乘的了脱生死，好像吃酒的，一时沉醉而以为完成了。又如行路的，跑了一段，急急在路旁休息一下。这种急于达到目的，而实际上更慢。好像龟兔赛跑，兔子跑得快，而急于睡觉休息，结果兔子不免落后。学佛如急于了生死，离苦得乐，只为自己而学，还是歪曲迂回的路子。

三、为佛之大菩提而学。所以真正的学佛，应为佛之大菩提而学，这才是达到正等正觉的正确的路、直捷的路。说起大菩提内容，可说是信愿、智慧、慈悲的一切完满。但在初学者，可能有所偏重：（一）重信愿，求菩提。众生根机不同，多少有差别。如初学而着重在信愿，相信佛有无上功德，最究竟圆满；有最上智慧，最大慈悲。对佛发生信仰心，以佛为理想而立愿上求菩提。（二）重智慧，向法界。另有一类人，以佛的圆满菩提为对象而重在智慧。参究宇宙万有真理，宇宙究竟是什么？人生真理是什么？只有佛才是最圆满究竟，最洞明一切。所以学佛的大智慧，从智慧的增长中，到达佛的地步。（三）重慈悲，救众生。也有赞仰佛的大慈悲，想到人类众生的苦痛，没有彻底救济的方法。普通所说的提倡道德文化，增加经济等等来救济，其实都不彻底，只有佛的大慈大悲，才是圆满究竟，所以就学习慈悲心行，向佛菩提。

学佛的路很多,如念阿弥陀佛的是重信愿,为了解佛理而诵习研究的是重智慧,着重在救济慈善事业的是重慈悲。这几种功德都要学,无论从哪方面入手都可以。不过真正学佛的,必然三类都渐渐学习,以大菩提为目标而学。

二　唯人为能学佛

一、人类的特胜:一般来说,人虽自尊心极强,却都看轻自己,觉得自己太渺小,不肯担当大事,为最高理想而努力。这是顶错误的,其实人是顶有意义的。佛法说,在六道众生中,地狱太苦,饿鬼饥饿不堪,哪里会发心学佛? 畜生也大多是愚昧,不能了解学佛。阿修罗猜疑心大,不能坚信佛所说的话,又加上嗔恨心强,喜欢斗争。天国,享福都来不及,更没有心学佛。所以"三途八难"中,长寿天便是八难之一。因此,佛经说"人身难得"、"佛法难闻",只有人最为难得,才能学佛。

有人问:神教与佛教有什么不同? 我说:神教说人间不如天上,佛教说人间更好。既得人身,不要错过他,应该尊重人身,发挥人的特性而努力向上,这是佛教的一大特色。

人有什么好呢? 经说人有三特胜,天上也不及我们。大梵天、上帝,虽然高贵,但都不及人的伟大。因人有三种特胜,所以佛特地在人世成佛,教化人类,向佛学习。三种特胜是:(一)忆念——"人",在印度话中是"忆念"的意思。人的忆念,比什么都强,小时的事情都记得,几千年来的历史,千百年来的经验,都能保存而传下来。这在牛羊猪狗,甚至天神,都不及我们。人的智慧最强，一切文化，科学发明，都是依着过去经验的忆念、累积，而后能日渐进步，日渐发明。由于忆念而来的智力，是一切所不及的。（二）梵行——克制情欲的冲动，为了他人的利益，能营为道德的行为，宁可牺牲自己，利益他人。这种由于梵（清净）行而来的道德，是人类的一大特色。（三）勇猛——人生存在这娑婆世界，什么苦都可以忍受，无论怎样困难都可以克服。这种一定达到的决心与毅力，也是人的特胜，在天上是没有的。这三种特胜，如用以努力作恶，滥用聪明，也会造成大坏事，使人类的苦痛加深。不过种种好事，也是从这里面发展出来，用以向善，就等于中国所说的大智、大仁、大勇。

大家都知道，一切众生皆有佛性，都能成佛。经说佛性有四种功德，就是智慧、慈悲、信乐、三昧。德行通于慈悲，信乐必有精进，所以人的三特胜，也就是佛性四德中的三德，在人身中特别发达。也就因此，人身容易修学成就，人类容易学佛。唐朝宰相裴休说过：一切众生都可成佛，但六道中真能发菩提心而修菩萨行的，唯有人。佛性功德，人身最为发达，所以人才能学佛成佛。

二、从人道直趣佛道：在学佛的方便中，如生天、得小乘果，多是弯曲而迂回的。如修天法而生长寿天，为八难之一，障碍了学佛。有以为，学小乘法，证阿罗汉，了生死后再说。小乘如中途醉眠，不彻底也不迅速。所以我们应该走直截了当的路，就是从人的地位，求生人间，一直到佛的地步。不求生天，不求证小乘果。依人身，求人身，不离人身而向佛道，都得从不离人事做起。有的人自以为修学佛乘，而信修天帝的神秘法门；或不重慧而专重禅,实是天法。有的没有大悲心,虽究大乘理,而等于走着小乘之路。天法与小乘法,终究也可转成佛道,但到底是迂曲了。特别是在这个时代,应该先修人法——不离家国的人间正行,从人直向佛道,以免世人的误会。现代众生的根性不同,尤其是中国人,重人伦,所以中国佛教徒,更应该从人伦道德做起。人间正行修集增长,佛道因行的功德,也一天天增长,会渐近成佛的境界。我们不要糟蹋自己,应该利用这人生短短的时间,向这个目标而努力行去。

三　学佛所不可少的信解

要学佛道,有不可缺少的信仰与了解,这在圣典中,说有八事,现在简要地略为六类。

一、三宝威德——三宝就是佛法僧。以佛僧来说吧!大乘法中佛菩萨(大乘僧)有高上的智慧慈悲,值得崇仰;更有难思的神力,能为一般所不能为的事。不但信佛菩萨的威德神通,还要信法,即成佛的法门,也确是有功德、有力量,依法修行,能使我们到达究竟成就。

二、诸法真实——诸法即所有一切事物,我们所知的世间一切,都不是真实的。为什么呢? 可用两点来说明:(一)一切都在变化,人以至地球都不是永恒的,都是不彻底的。(二)世间的一切,都是相对的,有善就有恶,有生就有死,有兴就有衰;有这个就有那个,有这家就有那家,有这国就有那国;同一个国家也有派别,党外有党,党内有派。世间就是这样相对差别,充满矛盾，所以都不是究竟的真相。世间的一切，是相对的变化的世间；所以存在这世间的人类，也不彻底。真正学佛的，要信解在变化无常、种种差别之中，有永恒的不变，平等无差别的真理。如以正当方法去理解，依着去修行，就能得到真理的体验。苦痛从此解消，佛菩萨也因此而成就。

三、清净因果——一般人都懂得佛法重视因果，但因果不一定清净的。不单是杀、盗、淫、妄——恶因恶果不清净，就是一般的布施、礼佛、念经，也不一定是清净的。如布施功德，固然是善的，如心目中觉得我能行善；或我比其他人布施更多；或者为了使人服从，故施小惠，有自我的成份，有为未来得到善果报的意念，这便不清净——不纯洁。所以，学佛的要相信有清净因果——就是离烦恼、离自我见的无漏因果。纯洁的因行，能得到清净的成果。必须以佛为理想，对清净因果生起坚定的信解。

四、能得菩提——信解了以上三点，还不一定能学佛成佛。有人说我太愚笨了，或太忙碌了，自己不信任自己，哪里能发心修学？所以要加强信心，一切人有佛性，我也决定能得大菩提。有一分力量，就尽一分力量。今天不成，还有明天；今生不成，还有来世。坚定信仰，一定能得菩提，只要肯发心修学下去。

五、得道方便——一切众生皆有佛性，都可以成佛，可是佛是从修学得来的，依方法去学，人人都能得到；这修学方法，叫得道方便。如相信地下有水还不够，必须知道怎样去开掘，用怎样方法取水上来。如不这样，即使地下有水，我们还是没有水喝。要以方法去得到，所以说：没有天生弥勒、自然释迦。

六、如来圣教——我们都不是佛，怎能知道成佛的道路呢？

释尊成佛后,大慈大悲地把成佛的方法说了出来,记载在经典里面。相信经律论所说的,依之求了解,有了信心,才会增加学佛的力量。会看的看,不会看的听,里面开示我们种种成佛的方法。

四　从十善菩萨学起

对佛有了充分的信解,就得从十善菩萨学起。很多人对菩萨的名义不了解,多有误会。菩萨是印度话,菩是菩提,是觉悟的意思;萨是萨埵,就是众生的意思。所以,菩萨是求大菩提的众生。菩萨的程度不一,高的高,低的低。在一般人的心目中,听见菩萨,就想到文殊、普贤、观音、地藏顶高的大菩萨,其实凡发心成佛的,就是菩萨。佛与菩萨的分别是:佛是至高至上究竟圆满,如读书毕业了;菩萨是向上修学的学生。开始学的,如幼稚园生是学生;在小学、中学、大学以至研究院,也还是学生,差别只在学问的高低,而在修学的过程中是一样的。菩萨也是一样,有初发心菩萨,初学的与我们凡夫相同,只是能发菩提心,立成佛的大志愿。慢慢修学,到顶高的地位,如文殊、观音等。不要只记着大菩萨,觉得我们不能学。在学校里,由幼稚园一直学到研究院;菩萨也是由初发心菩萨学到大菩萨。现在讲最初修学的初心菩萨,与我们凡夫心境相近,切实易学。

一、大悲为菩萨发心——菩萨发心,当然包含了信愿、智慧,而重心在大悲心。有大悲心而后想成佛度众生的,就是菩萨。上面讲过,成佛,如没有慈悲心是不能达到的。就是能参究绝对真理,如没有大悲心,也还是落于小乘。所以菩萨的最要处,便是大悲心,见众生苦,好像是自己的苦痛,想方法去救度他们,才是菩萨心、佛种子。发心,是立志,时时起慈悲心,立下大志愿,不会忘失。此心发起,坚决不退,便登菩萨位。修发大悲心,方法很多,佛法里有"自他相易"法,把自己想作别人,把别人想作自己,这么一下,大悲心自然会发生起来。试问大家:心里顶爱的是什么? 你们一定回答是父母、夫妻、朋友、国家、民族。其实,佛说"爱莫过于己"。父母等,凡是没有损到自己利益的,当然能爱,否则就什么都不爱了。大家都以私心为爱自己而爱一切,假使能想到别人的苦痛等于自己的苦;不但爱人如己,而且以自己为他人,不专从自己着想,那才是真爱、真慈悲。自身有苦,谁也巴不得马上去掉它。别人的苦等于自己,怎能不动悲心,设法解除众生苦痛呢! 能有这种观念,大悲心自然生起来。大悲心发生,立愿成佛度众生,就是菩萨了。所以初学菩萨,并不一定有神通,或者身相庄严。但是单单立志发心还不够,必须以正行去充实它。

二、十善为菩萨正行:菩萨与凡人的分别,是发菩提心、行菩萨道。以菩提心去行十善行,是初学的菩萨,叫十善菩萨。十善,就是对治十恶的十种善行。不杀生就是爱护生命。不偷盗是不要非法得财,进而能施舍。不邪淫是不要非礼。不妄语是不说谎。不两舌是不挑拨是非,破坏他人的和合。不恶口是不说粗话骂人讥讽人,说不对也得好好说,不可说尖酸刻薄话。绮语是说得好听,而能引起杀、盗、淫、妄种种罪恶,就是海盗、海杀、海淫的邪说,或者毫无意义,浪费时间。不绮语,是要说那些对世道人心有好处的话。不贪是应得多少就得多少,知足、少欲,不是自己的,不要妄想据为己有。不嗔恨是有慈心,不斗争。不邪见是学佛的要有正见,要相信善恶因果、前生后世、生死轮回、圣人境界——阿罗汉、菩萨、佛能了生死,不要起邪知邪见,以为人死了就完了。十善菩萨是初心菩萨,发大悲为主的大菩提心,要成佛度众生,依这十种善行去修学,可说人人能学。如说不会做,那一定是自己看轻自己。佛法说:人,要有健全的人格,就得从五戒、十善做起,十善便是人生的正行。如有崇高道德,能行十善,缺少大悲心,还只是世间的圣人,人中的君子。佛法就不同了,十善正行是以发大悲心为主的菩提心为引导的,所以即成为从人到成佛的第一步。

大家以佛为理想,发菩提心,修十善行。此外,如忏悔、发愿、礼佛、念佛以外,还要热心注重护法,把佛法当作自己的生命,不要以为我学佛就好了。如佛法受到损害,受到摧残,应为了自己的信仰、众生的慧命来护持。菩萨应行的甚多,现在不能广说。最后,我希望大家开始学这大乘的第一步,做一菩萨幼稚生,从发大悲心、修十善行学起。

（录自《佛在人间》,127—142 页,本版 86—95 页。）